Les mesures provisoires de la CourADHP

Logiques Juridiques

Fondée par Gérard Marcou

Dirigée par Jean-Claude Némery et Thomas Perroud

Le droit n'est pas seulement un savoir, il est d'abord un ensemble de rapports et pratiques que l'on rencontre dans presque toutes les formes de sociétés. C'est pourquoi il a toujours donné lieu à la fois à une littérature de juristes professionnels, produisant le savoir juridique, et à une littérature sur le droit, produite par des philosophes, des sociologues ou des économistes notamment.
Parce que le domaine du droit s'étend sans cesse et rend de plus en plus souvent nécessaire le recours au savoir juridique spécialisé, même dans des matières où il n'avait jadis qu'une importance secondaire, les ouvrages juridiques à caractère professionnel ou pédagogique dominent l'édition, et ils tendent à réduire la recherche en droit à sa seule dimension positive. À l'inverse de cette tendance, la collection « Logiques juridiques » des éditions L'Harmattan est ouverte à toutes les approches du droit. Tout en publiant aussi des ouvrages à vocation professionnelle ou pédagogique, elle se fixe avant tout pour but de contribuer à la publication et à la diffusion des recherches en droit, ainsi qu'au dialogue scientifique sur le droit. Comme son nom l'indique, elle se veut plurielle.

Dernières parutions

Jean LEFEBVRE, *Le droit du financement participatif (crowdfunding). Deuxième édition*, 2023.
Lucie CLUZEL-MÉTAYER et Arnaud SÉE (dir.), *Eléments de droit public du numérique*, 2023.
Komla BASSAH, *Le pouvoir de décision du Comité des droits de l'homme des Nations Unies, Entre légitimité, autorité et effectivité, 2023.*
Erick LWAMBA MAYANGA, *La passation des marchés publics infranationaux en RD Congo*, 2023.
Louis-Marie AUDRERIE, *Le droit hiérosolymitain dans l'Orient latin du XI*e *au XVI*e *siècle. Les « Assises de Jérusalem »*, 2023

Bamba Nonféni Michel ZARATIONON

Les mesures provisoires de la CourADHP

Le contentieux du provisoire devant la Cour africaine des droits de l'Homme et des peuples

Préface de Djedjro Francisco MELEDJE
Postface de Samson Mwin Sôg Mé DABIRE

L'Harmattan

5-7, rue de l'Ecole-Polytechnique, 75005 Paris
http://www.editions-harmattan.fr
ISBN : 978-2-336-41284-9
EAN : 9782336412849

REMERCIEMENTS

Ce travail ne serait jamais achevé sans le soutien de plusieurs personnes. Je leur suis reconnaissant d'avoir fait de cette année de Master un parcours aussi stimulant.

Je tiens, en premier lieu, à exprimer ma sincère gratitude à mon Directeur de recherche, Monsieur le professeur **Djedjro Francisco MELEDJE**, pour m'avoir continuellement accordé sa confiance et son soutien. La rigueur et la précision de ses conseils m'ont guidé tout au long de la rédaction de ce travail de recherche. Cela a été déterminant dans ma volonté d'entreprendre ce travail et de le mener à bien. Qu'il trouve en ces mots, toute ma reconnaissance. Il est pour moi un père.

Je tiens également, en second lieu, à remercier Madame la docteure **Lydie KIKI-NEMÉ** pour m'avoir fait découvrir avec son enthousiasme et son intelligence, le Droit international public. Elle avait l'élégance de simplifier la compréhension, même des doctrines les plus complexes. Je lui suis grandement reconnaissant.

Je souhaite, par la même occasion, témoigner de ma gratitude à Monsieur le docteur **Gérard Eddie GUIPIÉ,** car les discussions enrichissantes que nous avons eues, et sa passion pour la recherche ont été une grande source d'inspiration pour moi.

J'exprime toute ma reconnaissance à Madame la Docteure **Paule Angèle BEUGRÉ** pour le soutien qu'elle fut pour moi durant mes années de Master à l'Université Peleforo Gon Coulibaly. Elle est pour moi une grande source de motivation.

Qu'il plaise également à mes amis de la promotion 2021-2022 du Master droit public fondamental de l'Université Peleforo Gon Coulibaly, et en particulier à Amoikon Gilles BOUA et Kinanlefa Mohamed Kader OUATTARA, de trouver en ces mots l'expression de ma plus grande reconnaissance.

Je souhaite aussi qu'il plaise aux enseignants de l'Université Peleforo Gon Coulibaly, plus précisément, à ceux du département de Droit, de daigner recevoir toute ma reconnaissance pour la formation que j'ai reçue durant mes années de Licence et de Master.

J'adresse pour finir mes remerciements à l'ensemble des membres du Centre d'Écriture en Droit et en Science Politique (CEDSPO) qui nous ont assistés dans la réalisation de ce travail.

PRÉFACE

Professeur Djedjro Francisco MELEDJE

Préface à « Les mesures provisoires de la Cour africaine des droits de l'homme et des peuples »

Il y a 40 ans, j'ai rédigé et soutenu, à l'Université de Nancy II en France, un Mémoire en vue de l'obtention du Diplôme d'études approfondies (DEA) de droit public option droit international. Ce Mémoire avait simplement pour titre : « *La Charte africaine des droits de l'homme et des peuples* ». Je me fais aujourd'hui le plaisir de rédiger cette petite note pour servir de préface à l'ouvrage de Monsieur ZARATIONON Bamba Nonféni Michel ; cet ouvrage n'étant rien d'autre que le Mémoire de Master 2 de droit public fondamental qu'il a rédigé sous ma direction et soutenu à l'Université Peleforo Gon Coulibaly de Korhogo, avec pour l'intitulé suivant : « *Les mesures provisoires de la Cour africaine des droits de l'homme et des peuples* ». Le parallèle ainsi fait permet de tirer plusieurs enseignements. D'abord, si je peux le dire, le lien de filiation académique entre Bamba et moi, puisque nous avons tous les deux rédigé nos mémoires respectifs de DEA/Master 2 sur la thématique de la Charte africaine des droits de l'Homme et des peuples. Mais là s'arrête la comparaison ; sauf à préciser que Bamba a probablement bien plus de mérites que je ne l'avais à mon âge, au moment où je sortais du DEA.

L'enseignement le plus important à tirer est que l'entrée en application de la Charte africaine a été rendue de plus en plus visible, du fait de la judiciarisation du mécanisme de la Charte[1]. En effet, si les premiers travaux de recherche relatifs au système de protection des droits de l'Homme en Afrique et les premières publications en la matière ont eu pour but d'analyser le système dans sa généralité et d'un point de vue théorique, il est tout à fait normal que les publications les plus récentes mettent en évidence non seulement des aspects spécifiques, mais aussi et surtout des questions procédurales dans le fonctionnement des organes de la Charte africaine.

C'est précisément à cet exercice que se livre, dans son ouvrage, Monsieur ZARATIONON. Le choix que l'auteur a fait du sujet sur la question des mesures provisoires ne me semble pas être le fait d'une simple curiosité intellectuelle ; ce choix n'est pas fortuit. La pratique des mesures provisoires est vécue devant la Cour internationale de Justice, comme devant toutes les juridictions internationales. Les mesures provisoires sont définies comme celles ayant « *pour but d'éviter que la décision au fond soit privée de son efficacité. Le plus souvent, il s'agit de régler momentanément une situation urgente en attendant une décision définitive* ».[2] Dans les procédures générales et surtout dans le contentieux relatif aux droits de l'Homme, les mesures provisoires ont pour but d'éviter que des conséquences irréparables ne se produisent.

Si Monsieur ZARATIONON, en étudiant le mécanisme africain des droits de l'Homme, a choisi de s'intéresser particulièrement aux mesures provisoires décidées par la Cour africaine des droits de l'Homme et des peuples, ce n'est certainement pas parce que ces mesures étaient

---

[1] Ludovic HENNEBEL, Hélène TIGROUDJA, *Traité de droit international des Droits de l'Homme*. Paris, Éditions A. Pedone, 2e édition, 2018, p. 561 et s. Franz VILJOEN, *International Human Rights Law in Africa*. Oxford : Oxford University Press, 2012, second edition.

[2] Jean SALMON (dir.), *Dictionnaire de droit international public*. Bruxelles, Éditions Bruylant, 2001, p. 701.

inconnues de la Commission africaine des droits de l'homme et des peuples. Avec la Commission africaine, l'adoption des mesures provisoires et surtout leur application par les États destinataires étaient plutôt marquées par des incertitudes[1]. Ces incertitudes ne sont pas toutes vaincues avec la Cour africaine. Mais on réalise au moins que la dimension véritablement juridictionnelle de la procédure devant la Cour dont il faut préciser qu'elle a été enrichie par la jurisprudence de la Commission est affichée. Cette importante évolution avait besoin d'être scientifiquement étudiée et portée à la connaissance des milieux des droits humains en Afrique et ailleurs.

Il me semble justement que c'est l'expérience déjà riche de l'auteur, acquise dans les concours de procès simulés en droit international humanitaire aussi bien en Côte d'Ivoire (Concours national de plaidoirie, Abidjan, novembre 2021 ; Concours national de plaidoirie, Abidjan, août 2022) que dans des joutes internationales (finaliste au Concours Jean PICTET de Droit international humanitaire, Forges-les-Eaux, Normandie, France, mars 2023) et avec l'équipe de l'Université de Bretagne Occidentale au Concours Charles ROUSSEAU de Droit international public, en mai 2023 et droit international pénal, aussi bien dans son pays, la Côte d'Ivoire, qu'en Afrique et hors du continent africain, qui a stimulé l'auteur à choisir ce sujet de recherche. Le jeu et les stratégies du concours de procès fictifs consistent en effet à soulever et multiplier des incidents de procédure.

L'expérience ainsi acquise par l'auteur de cet ouvrage lui a permis de montrer avec élégance les fonctions de cette technique judiciaire qui est présentée comme étant destinée à protéger à la fois comme l'intégrité judiciaire et les droits des parties au procès.

---

[1] Institute for Human Rights and Development in Africa, Décisions de la Commission africaine des droits de l'Homme et des peuples sur les communications. 2002-2007, p. 8 et s.

La technique judiciaire que constituent les mesures provisoires qui a besoin d'être vulgarisée auprès des juridictions nationales et internationales qui sont compétentes en matière de droits humains ; celles-ci devant être toujours sensibilisées aux précautions à prendre pour assurer la pleine protection des personnes pour lesquelles les procédures sont pendantes et qui s'exposent à une aggravation des violations des droits.

Djedjro Francisco MELEDJE

Agrégé des Facultés de Droit
Professeur des Universités

DÉDICACES

Je tiens particulièrement à dédicacer ce présent mémoire de recherche à ces nombreuses personnes qui ont droit à ma reconnaissance pour l'aide précieuse qu'ils m'ont apportée tout le long de la rédaction de ce travail.

Je dédie ce travail :
À mon père
À ma mère
À mon Nec Plus Ultra

LISTE DES ABRÉVIATIONS DES SIGLES ET ACRONYMES

Art. cit.	Article déjà cité
C	Contre
CADHIP	Cour Africaine des Droits de l'Homme et des Peuples
CCJE	Conseil Consultatif de Juges Européens
CEDH	Cour Européenne des Droits de l'Homme
CIADH	Cour Interaméricaine des Droits de l'Homme
CIJ	Cour Internationale de Justice
CJCEDEAO	Cour de Justice de la Communauté Économique des États de l'Afrique de l'Ouest
CJUE	Cour de Justice de l'Union Européenne
CPJI	Cour Permanente de Justice Internationale
Dir.	Sous la direction de
Ed.	Édition
Ibid.	Même ouvrage
Ibidem.	Même passage
Idem.	Pareillement
LGDJ	Librairie Générale de Droit et de Jurisprudence
OIT	Organisation Internationale du Travail
ONG	Organisation Non Gouvernementale
ONU	Organisation des Nations Unies
Op.Cit	*Opus Citatum*/Ouvrage ou article précité
P.	Page
Parag.	Paragraphe

Protocole	Protocole relatif à la Cour Africaine des Droits de l'Homme et des Peuples
PUF	Presses Universitaires de France
RDP	Revue du Droit public
Rec	Recueil
Règlement	Règlement intérieur de la Cour Africaine des Droits de l'Homme et des Peuples
TCDDAA	Tribunal de la Communauté de développement d'Afrique Australe
UA	Union Africaine
Vol	Volume

SOMMAIRE

INTRODUCTION GÉNÉRALE

« Occasionnellement, il arrive que certains mécanismes se déclinent en diverses matières, et ce compris au niveau des droits de l'Homme. Des spécificités apparaissent, propres à l'une ou l'autre de ces branches du droit ; le mécanisme est alors subrepticement transformé ; et on lui découvre une vie redessinée, qui lui est propre, dans son nouvel environnement. Tel est le cas des mesures provisoires »[1].

Les mesures provisoires de la Cour Africaine des Droits de l'Homme et des Peuples ; voilà un sujet qui semble ne plus être totalement étranger au peuple africain. En particulier, à travers les grandes inquiétudes suscitées par deux affaires. Nous entendons parler ici des affaires Guillaume SORO et autres c. République de la Côte d'Ivoire et Sébastien Germain Marie Aïkoue AJAVON c. République du Bénin qui ont provoqué le retrait par les États Béninois et Ivoirien[2], de la déclaration facultative d'acceptation de compétence de la Cour africaine des droits de l'Homme et des peuples en matière de requêtes individuelles et de celles des Organisations Non Gouvernementales (ONG).

Pourtant, loin d'être seulement stimulante sur le plan de son effectivité, la question des mesures provisoires révèle des aspects intéressants pour le contentieux international des droits de l'Homme. Ce sont particulièrement ces différents points qui constituent le pilier du regard que nous avons choisi de porter sur les mesures provisoires de la Cour africaine des droits de l'Homme et des peuples.

---

[1] Sandrine WATTHÉE, *Les mesures provisoires devant la Cour européenne des droits de l'Homme : La protection préventive des droits conventionnels en puissance ?* Bruxelles, Édition Anthémis, 2014, p.11.

[2] Il faut observer à cet effet que, ces États ne sont pas les premiers avoir eu recours à la dénonciation de la déclaration facultative d'acceptation de compétence de la Juridiction de la Cour. On peut dans la foulée citer parmi les États concernés : le Rwanda en janvier 2016 et la Tanzanie en novembre 2019.

1. La protection régionale des droits de l'Homme. La création des Cours régionales en matière de protection des droits de l'Homme est typiquement le reflet du constat selon lequel « *la protection internationale des droits de l'homme est aujourd'hui l'une des préoccupations majeures non seulement des États, mais aussi des organisations internationales* »[1]. C'est ce qui explique la mise en place, tant au niveau africain, européen, qu'américain « *d'instances judiciaires et quasi juridictionnelles qui exercent le jus dicere en matière des droits de l'homme* »[2]. Ceci sous-entend l'existence de mécanismes juridictionnels qui peuvent désormais être mis en œuvre en cas de violations présumées des droits de l'Homme. Il est à constater à cet effet, les présences de la Cour Européenne des Droits de l'Homme (CEDH) au niveau européen, la Cour Interaméricaine des Droits de l'Homme, au niveau américain (CIADH) et enfin, la dernière et non la moindre, la Cour Africaine des Droits de l'Homme et des Peuples, au niveau africain (CADHP).
Aussi, faut-il relever que la tendance des États à la régionalisation de la protection des droits de l'Homme s'inscrit dans la même tendance communautariste qui façonne continuellement le droit international général : les mouvements d'intégration régionale[3].

2. La création de la Cour Africaine des Droits de l'Homme et des Peuples. La Cour Africaine des Droits de l'Homme et des Pcuples (CADHP), dont la création s'était

---

[1] Parfait OUMBA, « Juridictions internationales et procédures d'urgence en matière des droits de l'homme », *Cahiers africains des droits de l'homme*, Presses de l'Université Catholique d'Afrique centrale, 2011, p. 341.
[2] *Ibidem.*
[3] Alioune Badara FALL, « La Charte africaine des droits de l'Homme et des peuples : entre universalisme et *régionalisme », Pouvoirs,* vol. 129, n° 2, 2009, p. 77.

inscrite dans un mouvement de transition[1], avait été spontanément épinglée comme « *le pilier institutionnel de l'ordre public africain relatif à la protection des Droits de l'Homme* »[2]. Déjà, l'idée de la création de la Cour apparaissait dans la loi de Lagos[3], puisque les juristes qui étaient présents à ce symposium plaidaient pour « *l'instauration d'une véritable juridiction accessible aux simples citoyens* »[4]. Cette action était légitimement soutenue par le fait que relativement aux Cours régionales de protection des droits de l'Homme, ce sont davantage les

---

[1] Il s'agit là du passage d'un mode diplomatique de protection des droits de l'Homme qui était assuré par la Commission à un mode juridictionnel de protection des droits de l'Homme assuré désormais par la Cour. On se souvient que le Professeur Djedjro MELEDJE, parlant de la création de la Cour, posait le constat que « *le mécanisme africain de protection des droits de l'homme [s'articulerait] autour d'une institution juridictionnelle* », cela parce qu'il y'avait « *une nécessité de passer d'un règlement plutôt diplomatique des questions de droits de l'homme à un mode juridictionnel* ». Voir à ce sujet Djedjro MELEDJE, « La Cour Africaine des Droits de l'Homme et des Peuples et la défense de la démocratie », *Mélanges en l'honneur du Professeur Dominique ROUSSEAU, Constitution, justice, démocratie ;* LGDJ, 2020, p. 907.

[2] Mamadou MEITÉ, « Les mesures provisoires, une technique judiciaire de protection des droits fondamentaux de la Charte africaine des droits de l'Homme et des peuples », *Lettre, Actualités, Droits, Libertés du CREDOF,* 2 avril 2013, p. 1.

[3] La *loi de Lagos* est la déclaration adoptée à la suite de la Conférence des Juristes africains réunis à Lagos par la Commission Internationale des Juristes du 3 au 4 janvier 1961 sur le thème de la « *Primauté du Droit* ».

[4] Honoré BANIDJE, « La Cour Africaine des Droits de l'Homme et de Peuples : Genèse et vie ».
Site :https://www.researchgate.net/publication/350241484_La_Cour_Africaine_des_Droits_de_l%27Homme_et_de_Peuples_Genese_et_vie?enrichId=rgreqd034364e30fb9ddd0b0eb1b72180b07bXXX&enrichSource=Y292ZXJQYWdlOzM1MDI0MTQ4NDtBUzoxMDAzOTM3OTg1NDYyMjcyQDE2MTYzNjg4NzYyMTg%3D&el=1_x_2&_esc=publicationCoverPdf. Consulté le 21/04/2022 à 12 h 55.

individus qui ont besoin d'une protection que les États[1]. L'on pourrait à ce sujet mettre en avant l'idée que cela constitue leur raison d'être. Toutefois, la dynamique ne semblait pas être approuvée par les États en cette période[2]. Cependant, par le cours des événements, des transformations intervenues et du rythme des discours en faveur d'une protection effective des droits de l'Homme, il était venu, comme l'écrivait le juge Kéba MBAYE, le moment « *d'envisager des progrès plus tangibles* »[3] relativement à la protection des droits consacrés par la Charte. C'est dans cet élan que l'idée de la création d'une Cour va de nouveau se retrouver au cœur des interrogations, pour ainsi se matérialiser en 1998 à Ouagadougou avec l'adoption du Protocole relatif à la Charte Africaine des Droits de l'Homme et des Peuples portant création de la Cour Africaine des Droits de l'Homme et des Peuples. Cela dit, il faut le souligner, le protocole n'est effectivement entré en vigueur que six (6) ans plus tard, après avoir réuni toutes les ratifications nécessaires, soit en 2004. La CADHP fait partie de la liste des juridictions[4] qui sur le continent africain interviennent en matière de protection des droits de l'Homme. Mais parmi les autres juridictions régionales[5], la

---

[1] Robert ENO, « The jurisdiction of the African court of human and peoples' rights », In *African Human Rights Law*, 2002, p. 223.

[2] Kéba MBAYE, « Rapport introductif sur la Charte africaine des droits de l'homme et des peuples », Droit de l'homme et des peuples en Afrique et la Charte africaine, Commission Internationale des Juristes, 1986, pp. 28-29.

[3] *Ibidem.*

[4] Elle partage cette compétence avec la Cour de Justice de la CEDEAO, la COMESACJ, la Cour de Justice de la CAE et le Tribunal de la SADC. Voir à ce sujet Saidou Nourou (TALL), *Droit des organisations internationales africaines, Théorie générale, Droit communautaire comparé, Droit de l'homme, Paris, Paix et sécurité*, L'Harmattan, p. 383.

[5] La Cour Européenne des Droits de l'Homme (CEDH) et la Cour Interaméricaine des Droits de l'Homme (CIADH).

CADHP est « *la dernière-née des Cours des Droits de l'homme* »[1].

Au regard de son Protocole, la CADHP jouit concomitamment d'une compétence contentieuse[2] et consultative[3]. Relativement, à sa fonction contentieuse, la Cour dispose d'un ensemble de mécanismes et de techniques destinés à faciliter la réalisation des tâches à elle confiées. C'est dans cette perspective qu'il est permis de noter l'existence de la technique des mesures provisoires, une technique qui est continuellement dans le cirage des activités de la Cour.

3. Généralités sur les mesures provisoires. On note, ontologiquement, que les mesures provisoires ne sont pas propres de façon générale au contentieux international. Elles ont été ficelées par la pratique des institutions judiciaires des ordres internes des États, et ont certainement par leur efficacité, été reprises et modelées par les juridictions régionales et continentales, surtout par celles ayant un mandat en matière de protection des droits de l'Homme[4]. En droit international, il est admis que cela est principalement le résultat des efforts de la doctrine processualiste italienne[5] de la première moitié du XXe siècle.

---

[1] Rafaâ BEN ACHOU, « Quel rôle pour la justice internationale ? », *Justice et juridictions internationales*, Colloque de Tunis, Paris, A. Pedone, 2000, p. 29.

[2] Article 3 du Protocole sur la CADHP.

[3] Voir l'article 4 du Protocole sur la CADHP.

[4] Paul GUGGENHEIM, *Les Mesures Provisoires de Procédure Internationale et leur Influence sur le Développement du Droit des Gens*, Paris, Librairie/Recueil Sirey, 1931, p. 14.

[5] À ce sujet voir, Chiovenda GIUSEPPE, *Istituzioni di Diritto Processuale Civile,* Napoli, 1936 ; Piero CALAMANDREI, *Introduzione allo Studio Sistematico dei Provvedimenti Cautelare*, Padova, 1936 ; et Francesco CARNELUTTI, *Diritto e Processo*, Napoli, 1958.

À vrai dire, « le *droit romain, à l'origine des mesures conservatoires, faisait obligation aux parties litigantes de préserver autant que possible l'intégrité des droits en cause dans leur procès en évitant tout comportement qui tendrait à vicier le déroulement de l'affaire* »[1].

Ainsi, la consécration des mesures provisoires s'inscrit dans un souci de rapidité et d'accélération de la justice[2]. On peut ainsi comprendre dès lors pourquoi « *la physionomie du contentieux international se joue de plus en plus au stade du provisoire* »[3]. Toutefois, « *Il aura fallu attendre l'avènement de la Convention créant la Cour de justice centraméricaine de 1907 en son art. 18 pour en voir l'insertion dans la procédure internationale, puis son inclusion dans les Traités Bryan des années 1910 avant une consécration plus confortable par l'art. 41 du Statut de la CPJI, grâce à l'initiative du brésilien R. Fernandes dans le cadre des travaux du Comité consultatif des juristes* »[4].

Ce qui nous astreint par ricochet à donner assez de crédits au courant doctrinal qui tend à les assimiler à de véritables axiomes voire à un « *principe général du droit, commun foncièrement à tous les systèmes juridiques nationaux, et ratifié ou confirmé par la pratique des tribunaux nationaux, arbitraux, et internationaux* »[5]. Les rendant ainsi indispensables à toute juridiction, tant

---

[1] Saidou Nourou TALL, *Droit du contentieux international africain* (*Jurisprudences et théorie générale des différends africains*), Sénégal, L'Harmattan, 2018, p. 144.

[2] Georges WIEDERKEHR, « L'accélération des procédures et les mesures provisoires », *Revue internationale de droit comparé*, Vol. 50 N° 2, Étude de droit contemporain, avril-juin 1998, p. 449.

[3] Dominique BUREAU et Horatia Muir WATT, *Droit international privé*, tome 1, Paris, PUF, 5e édition, 2021, p. 182.

[4] Saidou Nourou TALL, *Op. cit.*, p. 145.

[5] Lawrence COLLINS, « Provisional and Protective Measures in International Litigation », *Recueil des Cours de l'Académie de Droit International de La Haye,* 1992, p. 23.

nationale, qu'internationale. En effet, qu'il s'agisse « *des systèmes régionaux de protection européen [[1]], américain [[2]] ou africain [[3]] ou du cadre universel, avec les organes des traités des Nations Unies tels que le Comité des droits de l'Homme [[4]], le Comité contre la torture [[5]] et la CIJ [[6]] en tant qu'organe judiciaire principal des Nations Unies, les mesures provisoires font l'objet de dispositions statutaires* ».[7]

4. La consécration des mesures provisoires de la CADHP. Au sujet des mesures provisoires de la CADHP, elles sont consacrées par deux textes : le protocole de la Cour et le Règlement intérieur de la Cour. En effet, il est donné de lire au deuxième paragraphe de l'article 27 du Protocole sur la Cour que « *dans les cas d'extrême gravité ou d'urgence et lorsqu'il s'avère nécessaire d'éviter des dommages irréparables à des personnes, la Cour ordonne*

---

[1] Conseil de l'Europe, Cour européenne des droits de l'Homme, Règlement de la Cour européenne des droits de l'Homme (1959), art 39 (1) [Règlement intérieur].

[2] OEA, Commission interaméricaine des droits de l'Homme, Convention américaine relative aux droits de l'Homme, Doc off OEA 36 (1969), art 63 (2) ; OEA, Commission interaméricaine des droits de l'Homme, Règlement de la Cour interaméricaine des droits de l'Homme (2000), art 25 (1) ; OEA, Commission interaméricaine des droits de l'Homme, Règlement de la Commission interaméricaine des droits de l'Homme (2011), art 25 (1)

[3] OUA, Commission africaine des droits de l'Homme et des peuples, Règlement intérieur de la Commission africaine des droits de l'Homme et des peuples (2010), art 98 ; Protocole relatif à la Charte africaine portant création d'une Cour africaine des droits de l'Homme et des peuples, 9 juin 1998, Doc CM/2051 (LX VIII), art 27 (2).

[4] Règlement intérieur, art 92.

[5] Règlement intérieur, art 114.

[6] Statut de la Cour internationale de Justice, 26 juin 1945, 41 (1).

[7] Silviana COCAN, « La Cour européenne des droits de l'homme et le dialogue des juges », *Revue québécoise de droit international*, numéro hors-série, décembre 2020, pp. 573–592, p. 577.

les mesures provisoires qu'elle juge pertinentes »[1]. Dans le même sens, l'article 59 précité dispose que « *conformément à l'article 27, alinéa (2) du Protocole, à la demande d'une partie ou d'office, dans les cas d'extrême gravité ou d'urgence et lorsqu'il s'avère nécessaire d'éviter des dommages irréparables à des personnes, la Cour peut ordonner les mesures provisoires qu'elle juge pertinentes, en attendant de statuer sur la requête principale* ». Ce sont ces différentes dispositions qui font office de fondement aux mesures provisoires que peuvent ordonner les juges de la CADHP. Elles sont mues par un objectif triple : la sauvegarde de l'intérêt des parties, de la justice et la protection des individus contre les préjudices irréparables[2].

I. DÉFINITION DES CONCEPTS

Le présent sujet de recherche nécessite, tel que formulé, des éclaircissements terminologiques. À ce titre, il convient de définir la notion de mesures provisoires (A) ; avant de mettre en exergue le constat que nous posons au sujet d'une tentative de différenciation effectuée entre les expressions « mesures provisoires » et « mesures conservatoires » (B).

A. LA NOTION DE MESURES PROVISOIRES

5. Une notion difficile à définir. Déjà, lorsqu'on se lance dans la perspective de définir la notion de mesures provisoires, la première observation que l'on fait est qu'elle est indistinctement utilisée par les juridictions en matière des droits de l'Homme sous des termes variés. En effet, il n'est pas rare d'entendre « *mesures provisoires* », « *mesures avant de dire droit* » et « *mesures*

---

[1] Protocole relatif à la charte africaine des droits de l'Homme et des peuples portant création d'une cour africaine des droits de l'Homme et des peuples de 1998.

[2] Cour africaine des droits de l'Homme et des peuples, Ordonnances mesures provisoires, *Houngre Éric Noudehouenou c. Bénin*, requête n° 004/2020.

conservatoires ». On comprend dès lors, pourquoi la doctrine est unanime sur la difficulté à définir de manière exhaustive la notion de mesures provisoires. Ce qui fait qu'on n'est véritablement pas certain de trouver une définition universellement admise si ce n'est de trouver une définition satisfaisante, d'autant plus que les instruments de la Cour sont imprécis.

6. L'imprécision des instruments de la CADHP. À la lecture des instruments de la Cour au sujet des mesures provisoires, il est permis de constater qu'ils ne proposent aucune définition. En effet, l'article 27 (2) du protocole sur la Cour[1] se contente de stipuler que *« dans les cas d'extrême gravité ou d'urgence et lorsqu'il s'avère nécessaire d'éviter des dommages irréparables à des personnes, la Cour ordonne les mesures provisoires qu'elle juge pertinentes* ». Cette disposition n'apporte donc aucune précision terminologique. Et qui plus est, même le règlement intérieur de la Cour ne fait de précision. En effet, il est donné de lire à la règle 59 que « *conformément à l'article 27, alinéa (2) du Protocole, à la demande d'une partie ou d'office, dans les cas d'extrême gravité ou d'urgence et lorsqu'il s'avère nécessaire d'éviter des dommages irréparables à des personnes, la Cour peut ordonner les mesures provisoires qu'elle juge pertinentes, en attendant de statuer sur la requête principale* »[2]. On peut inférer de là que les instruments de la Cour ne s'attardent pas à définir la notion de mesures provisoires. Dans le même élan, il convient de relever, pour plus de clarté que ce reproche fait aux instruments de CADHP ne lui est pas exclusivement imputable. En fait, il est loisible

[1] Protocole relatif à la charte africaine des droits de l'Homme et des peuples portant création d'une Cour Africaine des Droits de l'Homme et des Peuples de 1998.

[2] Règlement intérieur de la Cour Africaine des Droits de l'homme et des Peuples, 1er septembre 2020.

de lire que dans la quasi-majorité des instruments des autres juridictions internationales[1] et communautaires[2] consacrant les mesures provisoires, on note une tendance à leur seule consécration[3]. Ce fut le cas des mesures conservatoires de la Cour Permanente de Justice Internationale (CPJI). Et il en est ainsi aujourd'hui de celles de la Cour Internationale de Justice (CIJ)[4], de la Cour Européenne des Droits de l'Homme (CEDH)[5], de la Cour Interaméricaine des Droits de l'Homme[6] (CIADH), de la Cour de Justice de l'Union Européenne (CJUE)[7] et de la Cour de justice de la

---

[1] La Cour Internationale de Justice (CIJ).

[2] La Cour Africaine des Droits de l'Homme et des Peuples (CADHP), la Cour Interaméricaine des Droits de l'Homme (CIADH) et la Cour Européenne des Droits de l'Homme (CEDH).

[3] Voir les articles 27 du Protocole de la Cour Africaine des Droits de l'Homme et des Peuples, 39 du Règlement de la Cour Européenne des Droits de l'Homme, 41 du Statut de la Cour Internationale de Justice et 27 du Règlement de la Cour Interaméricaine des Droits de l'Homme.

[4] Article 41 du Statut « *La Cour a le pouvoir d'indiquer, si elle estime que les circonstances l'exigent, quelles mesures conservatoires du droit de chacun doivent être prises à titre provisoire* ».

[5] Article 39 du Règlement de la Cour : « *La chambre ou, le cas échéant, le président de la section ou un juge de permanence désigné conformément au paragraphe 4 du présent article peuvent, soit à la demande d'une partie ou de toute autre personne intéressée, soit d'office, indiquer aux parties toute mesure provisoire qu'ils estiment devoir être adoptée dans l'intérêt des parties ou du bon déroulement de la procédure* ».

[6] Article 63 (2) de la Convention : « *Dans les cas d'extrême gravité requérant la plus grande célérité dans l'action, et lorsqu'il s'avère nécessaire d'éviter des dommages inopérables à des personnes, la Cour pourra, à l'occasion d'une espèce dont elle est saisie, ordonner les mesures provisoires qu'elle juge pertinentes. S'il s'agit d'une affaire dont elle n'a pas encore été saisie, elle pourra prendre de telles mesures sur requête de la Commission* ».

[7] Article 160 du Règlement de procédure de la Cour *: « 1. Toute demande de sursis à l'exécution d'un acte d'une institution aux termes des articles 278 TFUE et 157 TCEEA n'est recevable que si le demandeur a attaqué cet acte dans un recours devant la Cour.*

Communauté Économique des États de l'Afrique de l'Ouest (CJCEDEAO).[1]

7. Définition de la notion de mesures provisoires selon la doctrine. La doctrine, par sa particularité d'être un moteur qui apporte « *une pierre à la pensée juridique* »[2], fournit des éléments qui permettent d'apporter une définition à la notion. En effet, quelques éléments de définition peuvent être trouvés en la matière. Cela en procédant à la définition respective des termes qui composent l'expression[3]. Dans cette perspective, on peut définir d'abord, la notion de « *mesure* » comme un « *moyen tendant à obtenir un résultat déterminé* »[4] et ensuite, « *provisoire* » comme « *temporaire* »[5]. Ce qui signifie que ce sont des mesures ordonnées dans une fin particulière et qui ne déploient leurs effets que de manière temporaire.

Mais, cette définition apparait trop générique et peu satisfaisante en raison de ce qu'elle ne permet pas une

---

2. Toute demande relative à l'une des autres mesures provisoires visées à l'article 279 TFUE n'est recevable que si elle émane d'une partie d'une affaire dont la Cour est saisie et si elle se réfère à ladite affaire ».

[1] Article 79 du Règlement de procédure de la CJCEDEAO : « *1. Les demandes visées à l'article 20 du Protocole spécifient l'objet du litige, les circonstances établissant l'urgence, ainsi que les moyens de fait et de droit justifiant à première vue l'octroi de la mesure provisoire sollicitée.*

2. La demande est présentée par acte séparé et dans les conditions prévues aux articles 32 et 33 du présent règlement ».

[2] Gérard CORNU, *Vocabulaire juridique*, Association Henry Capitant, Paris, PUF, 12e édition, p. 793.

[3] Toutefois, il est à noter que la tentative de définition consistant à définir les termes séparément n'aide pas à formuler une définition juridique. Puisque ces termes pris individuellement existent déjà en droit. La démarche n'est donc pas mue par la fin de leur donner une existence juridique.

[4] Gérard CORNU, *Op. cit.*, p. 1397.

[5] *Ibid.*, p. 1752.

compréhension réfléchie de la notion de mesures provisoires.

Contextualisant l'expression, on peut les appréhender, dans le cadre du contentieux international, comme des « *Mesures avant de dire droit qu'un tribunal international invite les parties à mettre en œuvre en attendant son jugement sur la compétence ou sur le fond, de façon à éviter une atteinte irréparable aux droits de celle des parties qui les a sollicitées* »[1] ; on peut en déduire de façon laconique avec Moncef KDHIR, qu'elles sont une « *technique juridique permettant de stériliser la situation entre deux parties et d'éviter une aggravation du litige* »,[2] mais aussi et surtout de prévenir les violations irréparables des droits des parties à l'instance.

B. CONSTAT D'UNE TENTATIVE DE DIFFÉRENCIATION ENTRE LES MESURES CONSERVATOIRES ET MESURES PROVISOIRES

8. Les éléments de la différenciation effectuée par la doctrine. De l'absence d'une définition universellement admise, l'on note une certaine tendance à opposer les expressions mesures provisoires et les mesures conservatoires. On comprend dès lors, pourquoi d'aucuns soutiennent, à l'instar de Christelle PALLUEL, que ces mécanismes « *utilisés par différentes juridictions internationales [...] sont deux notions [qui] ne sont pas superposables* »[3].

---

[1] Gérard CORNU, *Vocabulaire juridique*, Association Henry Capitant, Paris, PUF, 12e édition, p. 1398.

[2] Moncef KDHIR, *Dictionnaire juridique de la Cour internationale de justice*, Bruxelles, Bruylant, 2e éd. 2000, p. 229.

[3] Christelle PALLUEL, « La prévention des violations dans le droit de la Convention européenne des Droits de l'Homme : entre effectivité et efficacité », *Jurisdoctoria,* N° 13, 2016, p. 94.

Ce qui nous amène à nous interroger sur la possibilité qu'il puisse avoir une différence entre « *mesures conservatoires* » et « *mesures provisoires* », surtout que leurs finalités premières, au travers d'une lecture rapide, semblent converger. À ce sujet, il importe de remarquer la distinction que propose le Dictionnaire de droit international public de Jean SALMON. En effet, pour ce dernier, s'appuyant sur le Statut de la Cour Internationale de Justice, une mesure conservatoire est « *au cours d'un procès, [une] mesure prise par la juridiction saisie afin d'éviter que, pendant la durée du procès et en attendant la décision sur le fond, les droits en cause soient compromis* »[1]. Les mesures conservatoires apparaissent ainsi comme des mesures de sauvegarde.

Cette esquisse de définition, loin de faire là, l'objet d'une appréciation, devrait nous permettre de cerner l'idée de la différenciation annoncée. En effet, quelques lignes, après avoir défini la notion de mesures conservatoires, l'auteur tente de définir la notion de mesures provisoires. Ce qui laisse à croire qu'à priori il existe entre ces deux expressions, une nuance. En fait, l'auteur présente une mesure provisoire comme une « *disposition à caractère obligatoire ordonnée par une autorité avant qu'elle ne rende sa décision sur le fond et qui, sans préjuger de cette dernière, a pour but d'éviter que la décision soit privée de son efficacité* »[2].

---

[1] Jean SALMON, *Dictionnaire de droit international public*, Bruxelles, 2001, p. 698.
[2] *Ibidem.*

L'analyse que nous faisons de ces différentes approches conceptuelles est qu'il n'y a véritablement pas de différences entre ces expressions, et ce, même si l'auteur tente, à travers une démarche de singularisation, de mettre en avant l'idée que les mesures provisoires sont des dispositions contraignantes en sous-entendant implicitement que les mesures conservatoires ne le sont pas[1].

9. Des notions pourtant interchangeables. L'analyse faite de la différenciation établie par la doctrine aboutie à l'idée que la différence est purement théorique et conceptuelle. En effet, ces différentes expressions ramènent à une et même idée sur le plan de la pratique : celle de toutes mesures prononcées par un juge avant de se prononcer sur le fond.

À ce titre, pour le professeur Robert KOLB, les mesures conservatoires doivent être saisies comme formées de deux finalités : une finalité minimale et une finalité amplifiée. Pour ce dernier, les mesures conservatoires dans leur version minimale ont « *uniquement [pour finalité] de préserver les droits du demandeur contre des actes tendant à les priver de tout effet une fois le jugement rendu (version minimale des mesures conservatoires)* »[2]. Dans la suite de l'idée, dans leur conception amplifiée, voire complète, elles

---

[1] En effet, même s'il est vrai qu'au départ, la quasi-majorité des juridictions, à l'instar de la Cour Européenne des Droits de l'Homme, qui utilisaient la terminologie « *mesures conservatoires* » ne leur reconnaissait qu'un caractère purement indicatif, elles ont progressivement et avec ferveur reconnue comme obligatoire les mesures d'urgence qu'elles indiquaient. C'est ainsi que la CEDH, depuis l'arrêt *Mamatkulov et Askarov c. Turquie du 4 février 2005*, les juges de la Cour de céans ont reconnu caractère contraignant aux mesures provisoires. De plus, la Cour Internationale de Justice a depuis l'affaire *LaGrand (2001)* reconnu un caractère obligatoire aux mesures provisoires qu'elle ordonne.

[2] Robert KOLB, *La Cour Internationale de justice, Op. cit.*, p. 635.

ont pour finalité « *de faciliter le cours de la procédure en adoptant des mesures calibrées à cette fin (Version amplifiée des mesures conservatoires)* »[1].

De l'analyse de cette approche relativement aux buts des mesures conservatoires, on peut être admis à retenir de façon succincte qu'elles visent soit la sauvegarde des droits des parties au litige, soit celle de la justice. Ce qui ne les rend pas tant différents des mesures provisoires, en termes d'objectifs poursuivis. C'est d'ailleurs la conclusion à laquelle arrive Clélia MITIDIERI. En effet, pour cette dernière, toutes ces mesures « *sont forcément conservatoires, puisqu'elles sont destinées à protéger les droits des parties d'un préjudice irréparable et à maintenir la situation litigieuse en l'état. Mais elles visent également à régler la situation urgente en attendant la décision à venir sur le fond* »[2]. Ainsi, il s'en infère que la tentative tendant à la distinction « *mesures provisoires* » et « *mesures conservatoires* » n'est qu'un simple jeu terminologique sans incidence juridique, et ce parce que leur « *objet est sans ambiguïté eu égard à l'aspect préventif* »[3] qui est un aspect de leur finalité. Adoubant cette position, Sandrine WATTHÉE soutient brièvement que « *contrairement à ce qui peut se passer au niveau national, aucune conséquence terminologique ne découle de cette différence terminologique s'agissant des juridictions internationales et particulièrement des juridictions des droits de*

[1] Robert KOLB, *La Cour Internationale de justice, Op. cit.*, p. 635.

[2] Clélia MITIDIERI, « Les mesures conservatoires dans le système de protection des droits de l'Homme », *Atelier national de reproduction des thèses*, octobre 2009, p. 16.

[3] Sébastien TOUZE, « La notion de prévention en droit international des droits de l'Homme », Emmanuel DECAUX et Sébastien TOUZE (dir), *La prévention des violations des droits de l'Homme, Actes du colloque des 13 et 14 juin 2013*, Pédone, p. 31.

l'homme »[1]. Et qui plus est, mesures conservatoires et mesures provisoires trouvent toutes les deux leur raison d'être dans la période qui se situe entre le moment où le juge est saisi et le moment où il rend sa décision finale au fond. Ce qui concourt expressément au rejet de leur différenciation.

La notion de mesures provisoires devra donc, dans le présent travail, être exclusivement entendue comme des « *mesures avant de dire droit qu'un tribunal international invite les parties à mettre en œuvre en attendant son jugement sur la compétence ou sur le fond, de façon à éviter une atteinte irréparable aux droits de celle des parties qui les a sollicitées »*[2]. Le choix d'une telle définition est justifié par sa simplicité et surtout pour sa concordance avec la réalité des mesures provisoires, telle que pratiquée quotidiennement par la CADHP.

---

[1] Sandrine WATTHÉE, *Les mesures provisoires devant la Cour européenne des droits de l'Homme : La protection préventive des droits conventionnels en puissance ?, Op. cit.,* p. 1.
[2] Gérard CORNU, *Op. cit.*, p. 1398.

II. INTÉRÊT DU SUJET

Au regard de la contextualisation et des différentes approches conceptuelles, la question des mesures provisoires en elle-même apparait comme stimulante pour une étude, et surtout lorsqu'elle est mise en rapport avec la CADHP, et ce, à bien des égards.

10. L'intérêt théorique : L'appréhension exhaustive de la finalité des mesures provisoires de la CADHP. Les mesures provisoires de la CADHP se présentent à nous comme une technique judiciaire originale. Ainsi, son étude offre la possibilité de restituer la nature et l'étendue d'une pratique répétée et répétitive qu'il ne parait logiquement pas concevable d'ignorer et de rejeter dans la sphère des faits non susceptibles d'attirer l'attention des juristes. Puisque, comme l'écrivait Paul BASTID, « *la première obligation des juristes, c'est de garder le contact avec les faits, surtout lorsque ceux-ci sont considérables et qu'ils se renouvellent* »[1]. Alors, en raison de l'insuffisance[2] et surtout du caractère très laconique des études scientifiques consacrées aux mesures provisoires de la CADHP, le premier intérêt de cette réflexion au caractère très technique est de tenter une théorisation de la finalité des mesures provisoires de la Cour Africaine des Droits de l'Homme et des Peuples. Cela, dans la dynamique de fournir une analyse complète ; puisque jusqu'à présent, les seules études[3], déjà insuffisantes n'ont analysé les mesures

---

[1] Paul BASTID, *L'idée de Constitution*, Paris, Economica, 1985, p. 175.

[2] Nous n'avons pu noter que deux articles scientifiques consacrés aux mesures provisoires de la CADHP.

[3] Voir Mamadou MEITÉ, « Les mesures provisoires, une technique judiciaire de protection des droits fondamentaux de la Charte africaine des droits de l'homme et des peuples », *Lettre, Actualités, Droits et Libertés* du CREDOF, 2 avril 2013 et Samson Mwin Sô Mè DABIRE, « Les ordonnances de la Cour Africaine des Droits de l'Homme et des Peuples dans les affaires Sébastien Ajavon c. Bénin et Guillaume Soro

provisoires que sur le plan de leur effectivité. Pourtant, loin d'écarter la question de l'effectivité, l'analyse des mesures provisoires de la CADHP s'avère stimulante sous l'angle de leur finalité.

11. L'intérêt pratique : La maitrise du temps de la procédure. Déjà, comme l'attestait Robert KOLB, il est « *pratiquement de règle de nos jours que l'introduction d'une requête unilatérale contre un État soit accompagnée, immédiatement ou peu après, par une demande en indication de mesures conservatoires* »[1]. Ce qui sous-entend que les mesures provisoires sont d'un intérêt certain pour les parties à l'instance, mais plus spécifiquement pour la partie faible, la partie demanderesse. Cet intérêt n'est rien d'autre que la maitrise du temps de la procédure, qui se caractérise par l'idée de la mise en œuvre d'un mécanisme réactif, tendant à assurer et garantir l'efficacité de la décision finale afin d'éviter une atteinte irréparable des droits, compte tenu de la lenteur de la procédure. Cette étude sera donc le prétexte pour mettre à nu les rouages de la technique des mesures provisoires afin d'expliciter la manière suivant laquelle, elle peut être utilisée par les parties à l'instance pour ne pas subir les affres de la durée des procédures devant la CADHP.

Tout ceci achève de mettre en exergue l'intérêt du présent sujet de recherche.

III. PROBLÉMATIQUE

Dans la physionomie africaine de la protection juridictionnelle des droits de l'Homme, la CADHP, par l'usage de la technique des mesures provisoires, et l'effet

---

et autres c. Côte d'Ivoire : souplesse ou aventure ? », In *Annuaire africain des Droits de l'Homme,* Vol 4, 2020.

[1] Robert KOLB, *La Cour Internationale de justice, Op. cit.,* p. 635.

de sa première décision[1] rendue au fond[2], s'était annoncée comme un véritable garant de la protection des droits de l'Homme en Afrique. Il faut dire à ce sujet que les mesures provisoires de la CADHP ont été foncièrement ficelées dans un mouvement de mimétisme. Elles sont inspirées des mesures provisoires de la CEDH[3]. Ce qui explique que dans le cadre du contentieux tant devant la CEDH que la CADHP, les mesures provisoires, étant donné leur définition et raison d'être, apparaissent comme des mesures qu'ordonnent les juges dans le but de régler une situation urgente aux conséquences éventuellement irréparables - dont la non-résolution est susceptible de compromettre le règlement au fond du litige pendant. C'est d'ailleurs ce qui justifie que ces mesures ont un caractère provisoire.

Pourtant, même si dans le cadre de la CADHP, l'on est totalement certain du caractère provisoire de ces mesures et donc de leur propension à régler les situations urgentes qui nécessitent une vive réaction de la part des juges, il n'en demeure pas moins qu'au-delà de ce but évident, qu'il existe d'autres aspects qui ne sont pas aussi apparents. Ce qui nous amène finalement dans une sorte de

---

[1] Arrêt du 14 juin 2013 sur les affaires jointes *Tangayika Law Society & The Legal and Human Rights Centre c. Tanzanie et Révérend Christopher R. Mtikila c. Tanzanie.*

[2] La première décision au fond de la Cour Africaine des Droits de l'Homme et des Peuples était sans doute attendue par l'ensemble des universitaires qui s'intéressaient au fonctionnement et au devenir du système africain de garantie des droits fondamentaux. C'est d'ailleurs ce que Alain Didier OLINGA n'a tardé de soutenir. Voir à ce sujet Alain Didier OLINGA, « L'émergence progressive d'un système africain de garantie des droits de l'homme et des peuples », Alain Didier OLINGA (dir.), *La protection internationale des droits de l'homme en Afrique. Dynamique, enjeux et perspectives trente ans après l'adoption de la Charte africaine des droits de l'homme et des peuples*, Yaoundé, Éditions Clé, 2012, p. 13.

[3] Article 39 du Règlement de la Cour Européenne des Droits de l'Homme (CEDH).

questionnement à nous interroger, comme l'avait proposé Sandrine WATHÉE au sujet de la CEDH[1], sur cet autre aspect non transparent des mesures provisoires. À ce titre, nous notons qu'au regard des textes régissant la Cour, les mesures provisoires apparaissent comme ayant pour finalité la protection des droits des parties à l'instance. En fait, elles semblent être destinées à *« éviter des dommages irréparables à des personnes »* [2]. Ce constat qui nous amène à interroger dans leur complexité, la finalité des mesures provisoires de la CADHP. Alors, **comment s'articule la finalité de la technique des mesures provisoires, telle que pratiquée par la Cour Africaine des Droits de l'Homme et des Peuples ?** En d'autres termes, il s'agira d'analyser la question de savoir si la technique des mesures provisoires poursuit un objectif unique, ou s'il est possible de noter un double objectif dans sa finalité, auquel cas, la finalité serait double.

Lecture faite du vivier normatif et de la pratique de la CADHP, il est possible de s'accorder pour dire que les mesures provisoires apparaissent, dans la physionomie du contentieux des droits de l'homme devant la CADHP, comme une technique qui se présente comme ayant une double finalité. La première, moins saisissable, mais traditionnelle, est d'ordre purement procédural. Quant à la deuxième finalité, la plus saisissable, elle s'inscrit plutôt dans la propension de la protection préventive des droits des parties à l'instance.

---

[1] Sandrine WATHÉE, *Les mesures provisoires devant la Cour européenne des droits de l'Homme : La protection préventive des droits conventionnels en puissance ? Op. cit.*, p. 2.
[2] Article 27 du Protocole sur la Cour.

IV. AXES DE RECHERCHE

Dans le cadre de la présente réflexion, deux idées consubstantielles à la finalité des mesures provisoires de la CADHP seront successivement ainsi évoquées puis explicitées. Pour ce faire, dans la logique d'effectuer une présentation érudite de la double finalité des mesures provisoires, la première partie nous permettra de montrer en quoi les mesures provisoires sont susceptibles d'être considérées comme une technique de protection de l'intégrité judiciaire (**PREMIÈRE PARTIE**). Quant à la deuxième partie, elle nous permettra de mettre l'accent sur la protection préventive des droits des parties à l'instance par la technique des mesures provisoires. (**DEUXIÈME PARTIE**).

PREMIÈRE PARTIE :
UNE FINALITÉ MOINS TRANSPARENTE :
LA PROTECTION DE L'INTÉGRITÉ JUDICIAIRE

12. La protection de l'intégrité judiciaire par les mesures provisoires. L'étude, de la question des mesures provisoires devant la Cour Africaine des Droits de l'Homme et des Peuples (CADHP) traduit implicitement une certaine dimension procédurale intéressante. Il s'agit d'une dimension qui tend à mettre en exergue un mouvement de protection au profit de la justice. Cette protection « *se situe dans l'optique de la Cour en position afin de lui permettre de rendre un arrêt exécutable, sur la base d'informations complètes, et d'exercer ainsi les compétences qui lui sont dévolues* »[1]. Toutefois, il convient de relever que, cet aspect de la technique des mesures provisoires n'est pas tout aussi prévisible.

En effet, à la lecture des instruments de la Cour, il est permis de relever que, les mesures provisoires de la CADHP tendent à « *éviter des dommages irréparables à des personnes* »[2]. Partant de là, nous pouvons dire que les mesures provisoires, telles qu'elles se livrent à nous, sont à priori exclusivement destinées à la protection des individus. Pourtant, la pratique de la Cour laisse constater une dynamique, voire une autre perspective ; laquelle permet de poser le constat de ce que les mesures provisoires servent également les intérêts de la justice. C'est ainsi que Robert KOLB avait envisagé la question des mesures conservatoires relativement à la Cour Internationale de Justice (CIJ). Pour ce dernier, les mesures provisoires ont dans leur version amplifiée pour mission de permettre à la Cour de « *préserver l'utilité de sa fonction judiciaire* »[3]. Cette affirmation amène à soutenir que les mesures

---

[1] Sandrine WATHÉE, *Les mesures provisoires devant la Cour européenne des droits de l'Homme : La protection préventive des droits conventionnels en puissance ? Op. cit.*, p. 7.

[2] Article 59 du Protocole sur la Cour Africaine des Droits de l'Homme et des Peuples.

[3] Robert KOLB, *La Cour Internationale de Justice, Op. cit.*, p. 635.

provisoires ont été prisées par la Cour afin de faciliter l'efficacité de la réalisation de ses missions. D'où, l'idée d'appréhender les mesures provisoires comme une technique rendue précieuse par la Cour en vue de garantir une certaine intégrité judiciaire.

13. La notion d'intégrité judiciaire. Puisqu'il faut « *expliquer pour comprendre mieux* »[1], comme l'écrivait Paul RICŒUR, la précision de la compréhension de la notion d'intégrité judiciaire s'avère utile dans la mesure où il semble exister une fausse vraie définition de l'expression, qui est universellement partagée. En effet, dans le langage commun, la notion d'intégrité judiciaire semble s'inscrire dans la même dynamique que la question de l'impartialité des juges[2]. Cependant, loin de remettre en cause cette assertion, il y'a lieu de noter que la notion d'intégrité judiciaire apparait comme constituée d'autres éléments. Selon, le dictionnaire Robert, l'intégrité renvoie à l'*« état d'une chose qui demeure intacte »*[3]. Ceci sous-entend, une chose qui demeure conservée, protégée. Ainsi, dans le cadre de la présente étude, nous entendons la question de l'intégrité judiciaire comme l'ensemble des éléments nécessaires à l'exercice par les juges de la CADHP de leurs missions.

14. L'estimation des mesures provisoires par les juges de la CADHP. Nous sommes conscients de ce que la question de l'étude de l'estimation de la technique des mesures provisoires par les juges de la CADHP peut paraitre audacieuse, dans la mesure où les instruments de la Cour ne l'affirment pas expressément. Mais, « *la curiosité*

---

[1] Paul RICŒUR, « L'herméneutique et la méthode des sciences sociales », *Théorie du droit et science*, Amselek P. (dir.), Paris, PUF, 1994, p. 15.

[2] Avis n° 21 (2018) du CCJE, *prévenir la corruption parmi les juges*, Zagreb, le 9 novembre 2018.

[3] Dictionnaire le Robert illustré, Paris, édition le Robert, Collection Nouveau petit Robert, 2021, p. 1012.

étant un mouvement naturel du chercheur scientifique »[1], nous tenterons de restituer les rouages de l'estimation des mesures provisoires de la CADHP telles qu'ils se présentent.

Il est donné de comprendre, dans une démarche affichée, que les mesures provisoires de la CADHP sont prisées au regard de ce qu'elles constituent une technique de protection de la fonction de juger (**CHAPITRE I**). C'est ce qui explique d'ailleurs la propension de la Cour à la vivification de la technique des mesures provisoires (**CHAPITRE II**).

[1] Joseph-Marie BIPOUN-WOUM, *Le droit international africain, Problèmes généraux, Règlements des Conflits*, Paris, L.G.D.J, 1970, p. 2.

CHAPITRE I : UNE TECHNIQUE DE PROTECTION DE LA FONCTION DE JUGER

15. La compréhension de la fonction de juger. Il apparait important de tenter une compréhension de la fonction de juger afin de faciliter l'appréhension de la protection qu' apporte la technique des mesures provisoires. Ceci, dans la mesure où même si cela peut relever d'une évidence, la fonction de juger n'est pas inextricablement et spontanément rattachée aux juges. Pour s'en convaincre, on se doit de se rappeler ce qu'affirmait Albert CAMUS dans son ouvrage *L'homme révolté.* Dans le second chapitre de ce célèbre opus, l'auteur soutient « *qu'être homme c'est juger* »[1] ; ce qui veut dire que juger est de la nature de l'Homme. Toutefois, le jugement qui est mis en exergue ici tend vers les critiques et appréciations que tout être humain peut porter sur un sujet donné. Ce qui n'est évidemment pas le sens que nous entendons donner à la notion de juger dans la présente étude.

À ce sujet, une approche contextualisée et restrictive s'avère utile. Partant de la notion de juger qui traduit une habilitation à « *examiner une affaire en vue de lui donner une solution, en général après une instruction et des débats* »[2], on peut, appréhender la fonction de juger comme l'action qui consiste à mettre en œuvre cette habilitation. Autrement dit, de la faculté de *jus dicere*. Par conséquent, au sujet de la CADHP, par sa nature qui la laisse paraitre comme une juridiction régionale de protection des droits de l'Homme et des peuples, sa fonction principale est dès lors d'assurer la protection desdits droits. C'est d'ailleurs ce qui soutient toute sa légitimité, le bienfondé de son pouvoir[3].

---

[1] Albert CAMUS, *L'Homme révolté,* second chapitre, 1951, p. 56.

[2] Gérard CORNU, *Vocabulaire juridique*, *Op. cit.*, p. 1254.

[3] Bertrand LAMY, « La légitimité du juge européen des droits de l'homme », dans Jacques KRYNEN et Jacques RAIBANT (dir.), *La*

La CADHP se présente en fait, comme la gardienne d'une norme juridique et éthique supérieure, ressentie comme fondamentale dans l'espace africain. Ce qui nous permet d'affirmer que, la fonction de juger lui est consubstantielle, dans la mesure où la supériorité d'une norme se justifie également par les garanties qui la couvrent. Parmi ces garanties, il y'a les mécanismes juridictionnels. Toutefois, il faut le dire, la seule existence de ces mécanismes ne suffit pas. Il est nécessaire de reconnaitre à ces instruments, des pouvoirs décisifs, capables de produire les effets escomptés et d'imposer à ses destinataires des comportements précis.

Mais, à la consécration de ces pouvoirs décisifs, se greffe la question de l'attitude des juges de la Cour. Ceux-ci se doivent de veiller à la préservation de leur fonction de juger. Cette attitude est sans tergiversation, gage de la sauvegarde du pouvoir de règlement des litiges et de l'efficacité des décisions que la Cour sera amenée à rendre. On comprend donc l'attachement de la Cour à cette technique judiciaire.

Dès lors, par une analyse approfondie, il est permis de poser le constat non pas d'une audace, mais d'une ingéniosité. Une ingéniosité, dans la mesure où ce mouvement de la Cour qui consiste à s'approprier la technique des mesures provisoires afin de protéger sa fonction de juger semble être facilité par une compétence qui, autonome, semble être le reflet de l'apport que constitue une ingénierie : il s'agit de la compétence *prima facie* (**SECTION I).** Toutefois, l'élan de protection de la fonction de juger facilité par la compétence *prima facie,* n'est pas totalement à l'abri des imprévus. Ce qui justifie le fait que dans la quête de la non-aggravation du litige, qui est une finalité de la fonction de juger, l'élan de protection ne se fait pas suivant un mouvement linéaire. En fait, il est permis d'observer un schéma empreint d'une dose

légitimité des juges, Presses de l'Université des sciences sociales de Toulon, Actes du colloque des 29-30 octobre 2003, p. 163.

d'incertitude et de certitude. On infère donc que, la protection de la fonction de juger est muée par la quête de la non-aggravation du litige **(SECTION II).**

SECTION I : UNE TECHNIQUE DE PROTECTION FACILITÉE PAR UNE COMPÉTENCE *PRIMA FACIE*

16. La notion de *prima facie*. Du latin « *prīmā faciē* », la formule *prima facie* renvoie à l'idée de ce qui est « *à première vue* »[1]. En effet, il s'agit d'une notion qui, ramenée à la terminologie juridique française, surtout dans le contentieux international, est mise en rapport avec la question de la compétence des juridictions internationales et communautaires chargée de la protection des droits de l'Homme.

17. La compétence *prima facie* de la CADHP. La compétence *prima facie* traduit une typologie particulière de compétence. Une compétence qui permet à la CADHP de connaitre d'une demande en indication de mesures provisoires, sans avoir à justifier préalablement non seulement sa compétence à connaitre au fond l'affaire, mais aussi la recevabilité de l'affaire. À ce sujet, la Cour précise que « *lorsqu'elle est saisie d'une requête, [elle] doit procéder d'un examen préliminaire de sa compétence, en application des articles 3 et 5 du Protocole à la Charte africaine des droits de l'homme et des peuples portant création de la Cour africaine des droits de l'homme et des peuples. Toutefois, avant d'ordonner des mesures provisoires, la Cour n'a pas à se convaincre qu'elle a compétence sur le fond de l'affaire, mais simplement*

---

[1] Jean SALMON, *Dictionnaire de droit international public*, *Op. cit.*, p. 875.

s'assurer qu'elle a compétence prima facie»[1]. Ce qui achève de nous faire voir en la compétence *prima facie* de la Cour, une compétence aux traits particuliers. On est ainsi admis à dire qu'elle a été consacrée par les instruments de la Cour pour son originalité (**Paragraphe 1**). Dans le même élan, il est permis de dire que la Cour s'attache fortement à la compétence *prima facie,* en raison de sa technicité (**Paragraphe 2).**

Paragraphe 1 : Une compétence consacrée pour son originalité

18. La compréhension de la notion d'originalité. Il s'avère important dès l'entame de la présente réflexion de préciser la notion d'originalité que nous entendons mettre en exergue. Ceci, non seulement, pour éviter toute équivoque, mais aussi, pour faciliter la compréhension des idées qui seront progressivement développées. À ce sujet, on se doit d'appréhender la notion d'originalité comme le « *caractère de ce qui est idéal* »[2], autrement dit, il s'agit donc, de ce qui ne manque de sublimer. Alors, la question de l'originalité appréhendée ici ne devrait pas être entendue et restreinte au sens de la nouveauté.

19. Les traits de l'originalité de la compétence *prima facie*. Traiter des traits de l'originalité de la compétence *prima facie*, c'est mettre en exergue les éléments qui soutiennent sa particularité, c'est-à-dire ce qui fonde toute l'admiration qui lui est attachée. À ce titre, il est donné d'écrire que la compétence *prima facie* est une compétence de caractère fictif **(A)**, mais aussi autonome **(B)**.

---

[1] Cour africaine des droits de l'Homme et des peuples, Ordonnances mesures provisoires, *Commission Africaine des Droits de l'Homme et des Peuples c. Libye*, Requête n° 002/2013.

[2] Gérard CORNU, *Vocabulaire juridique*, *Op. cit.*, p. 1534.

A. Le caractère fictif de la compétence prima facie

20. La compréhension de la fictivité. La fictivité est le caractère d'un « *concept doctrinal imaginé en vue d'expliquer une situation, un mécanisme* »[1], c'est-à-dire, le caractère de ce qui apparait comme étant forgé sur l'apparence, l'artificielle. En fait, il s'agit de ce qui apparait comme abstrait. Ainsi, entendons-nous ici, au travers du caractère fictif de la compétence *prima facie,* mettre en exergue l'idée selon laquelle, ladite compétence apparait, contrairement aux autres compétences[2] dont dispose la Cour, comme une compétence superficielle **(1)**, c'est peut-être ce qui justifie le fait qu'elle soit discutée **(2).**

1. Une compétence superficielle

21. Les origines de la superficialité de la compétence *prima facie.* La question de la fictivité ou encore de la superficialité est une donnée qui n'est pas nouvelle tant à l'échelle du droit international général, qu'à celle du contentieux international. Il s'agit d'un type de raisonnement qui, loin de s'imprégner des faits, s'attarde, à une analyse de caractère peu ou prou générique en s'attelant, qu'à la seule logique du raisonnement. La superficialité tient son origine de la fiction juridique. C'est

---

[1] Gérard CORNU, *Op. cit.,* p. 989.

[2] Nous entendons ici parler des compétences *rationae materiae* et *rationae personae.* L'intérêt de la précision, qui ne va pas forcément de soi, tient en ce qu'une autre catégorie de compétence existe dans le langage de la Cour. Il s'agit des distinctions entre la compétence facultative et la compétence obligatoire de la Cour. Voir à ce sujet Sylvain Sorel KUATE-TAMEGHE, *La justice, ses métiers, ses procédures,* Paris, 4e édition OHADA, L'Harmattan, p. 761. Voir également la Communication 256/02, Samuel KOFI. Woods II and Kabinech M. Ja'anech vs Liberia, 17th Annual activity report, In *Decisions of the African commission on human and people's rights on communications,* p. 237.

le constat que posent les Professeurs Pierre Marie DUPUY et Yann KERBRAT lorsqu'ils soutiennent que « *l'introduction de cette notion dans le droit positif, dont elle fait indiscutablement partie sur la base des textes comme de la pratique internationale constitue le recours à une technique très classique en droit, en droit international notamment, qui est celle de la fiction juridique* »[1]. Il en découle que, la question de la superficialité de la compétence *prima facie* fait corps avec le droit international. Ce qui nous permet de dire que le caractère superficiel de la compétence *prima facie* n'est pas tant une innovation au niveau de la CADHP, mais le calquage d'un mode de raisonnement déjà existant.

22. Le positivisme juridique comme fondement de la compétence *prima facie*. La fictivité juridique étant une doctrine irriguée par le positivisme juridique, on admet alors que la superficialité de la compétence *prima facie* a été également inspirée par cette doctrine. Le positivisme juridique est une doctrine qui, principalement nourrie par Georges SCELLE, se veut « *une doctrine qui a la particularité de reposer sur certaines fictions opératoires. [elle] fournit en effet un instrument d'analyse cohérent et rationalisé* »[2]. De plus, « *dans ses techniques d'analyse, elle fait le jeu des souverainetés, c'est-à-dire des gouvernements, naturellement soucieux de faire respecter leur liberté* »[3]. On peut, dès lors, comprendre ou à tout le moins envisager les raisons de la superficialité de la compétence *prima facie*. Puisque, la théorie qui a servi de fondement à son avènement est elle-même empreinte d'un caractère purement abstrait. L'abstraction étant l'élément

---

[1] Pierre Marie DUPUY et Yann KERBRAT, *Droit international public*, Dalloz, 14e édition, 2018, p. 485.
[2] *Ibidem.*
[3] *Ibidem.*

par lequel elle se distingue des autres doctrines du droit international.

23. L'intérêt de la superficialité dans le contentieux de l'urgence. Même si la question de la superficialité semble, du fait de sa nature, difficilement saisissable, il n'en demeure pas moins qu'elle revêt une importance particulière pour le contentieux international, dans les situations d'urgence. À ce titre, dans la continuité des idées avancées par les Professeurs Pierre Marie DUPUY et Yann KERBRAT, on peut s'accorder, pour reconnaitre que *« l'intérêt de la fiction juridique est qu'elle permet précisément de faire l'économie de la preuve d'une existence effective de la chose à laquelle elle s'applique »*[1]. Ce qui justifie pleinement et sans réserve gardée, l'idée selon laquelle la consécration de la compétence *prima facie,* fondée sur la fiction juridique, permet aux juges de la CADHP de faire face aux urgences. Cela a pour conséquence d'améliorer l'efficacité des juges en leur évitant d'avoir à s'attarder sur des questions qui ne sont généralement pas assez importantes pour le règlement de la situation afférente à l'urgence. Ce qui achève, de protéger la fonction de juger. C'est ce que démontre avec éloquence l'Affaire *Commission Africaine des Droits de l'Homme et des Peuples c. Kenya*[2]. En effet, dans le cadre de ladite affaire, la Cour, en usant de sa compétence *prima facie* avait su ordonner de manière prompte la sauvegarde de l'objet du litige (droits des membres de la communauté Ogiek) en demandant à l'État kenyan de « *remettre en vigueur avec effet immédiat, les restrictions qu'il avait imposées concernant les transactions foncières dans le complexe de*

---

[1] Pierre Marie DUPUY et Yann KERBRAT, *Droit international* public, *Op. cit.*, p. 485.

[2] Cour africaine des droits de l'Homme et des peuples, *Commission Africaine des Droits de l'Homme et des Peuples c. Kenya,* Requête n° 006/2012.

la forêt de Mau et de s'abstenir de tout acte ou toute action susceptible de préjuger irrémédiablement la requête principale devant la Cour »[1]. Cette ordonnance ne manque pas d'éclairer sur l'intérêt du rapprochement de la superficialité dans le contentieux de l'urgence, dans la mesure où comme il est permis de le constater avec la décision précitée, que la superficialité de la compétence *prima facie* permet aux juges de s'attarder à ce qui est essentiel.
Cela concourt à dire que la superficialité de la compétence *prima facie,* concourt à la satisfaction de la compétence contentieuse dévolue à la Cour. Cela, dans la perspective où elle permet à la Cour de régler les situations d'urgence susceptibles d'influencer la décision à intervenir.

C'est peut-être le condensé de tout ceci qui suscite la discussion dont la compétence *prima facie* est sujette.

2. Une superficialité discutée

24. Une discussion ontologiquement liée à la CIJ. La discussion de la superficialité de la compétence *prima facie* n'est pas un débat nouveau. De plus, la discussion ou du moins les contradictions n'ont nullement été faites en rapport avec la CADHP. En fait, à lire le Professeur Robert KOLB, cela trouve ses prémisses dans la consécration des mesures conservatoires de la Cour Internationale de Justice.

25. Une discussion purement doctrinale. La discussion de la superficialité de la compétence *prima facie* a été principalement le fait de la doctrine. En effet, cette discussion du caractère purement fictif de la compétence *prima facie* a été principalement animée par la doctrine de la CIJ. Mais, loin d'être restés propres à ladite Cour, les points de divergence théorique ont fini par se retrouver dans la pratique de la CADHP. Ces divergences montrent que

[1] Pierre Marie DUPUY et Yann KERBRAT, *Op. cit.,* p. 15.

« la justice des droits de l'homme est singulière »[1]. Singulière, dans la mesure où tout a tendance à faire l'objet d'une discussion.

26. Les éléments de la discussion. Le point de la discussion au sujet de la superficialité des mesures provisoires tournait principalement autour de l'opposition de deux intérêts. En effet, la technique des mesures provisoires de la Cour mettait en confrontation l'idée de n'agir que si la compétence de la Cour est établie et celle du caractère urgent des mesures devant être prises. En fait, les idées au sujet de la conciliation ou de la prévalence de l'un ou l'autre des intérêts étaient le point focal de la discussion. Analyse faite, il est permis de dire qu'il était question de l'idée de faire prévaloir la compétence de la Cour en voulant s'assurer que la Cour ne se prononce pas sur une affaire dont elle est saisie sans avoir examiné sa compétence, soit de faire prévaloir l'urgence dans le but de préserver les droits au fond éventuels dans leur urgence. Pourtant, les mesures provisoires interviennent en général dans un cadre déjà assez aigu où il faut agir rapidement. Ainsi, on peut s'accorder avec Frahm OELLERS pour dire qu'*« attendre que la Cour ait apuré la question de sa compétence, souvent extrêmes et complexes, serait laisser longtemps sans protection ces droits et risquer en conséquence d'aboutir à un véritable déni de justice si la compétence devait être plus tard établie »*[2]. Cette réalité nécessitait, sans hésitation aucune, un important équilibrage. Et le seul qui était envisageable était comme l'affirmait le Professeur Robert KOLB *« de ne pas exiger l'établissement positif d'une compétence (position*

---

[1] Laurence BURGORGUE-LARSEN, *Les 3 Cours régionales des droits de l'homme, in context la justice qui n'allait pas de soi*, Paris, Éditions A. Pedone, 2020, p. 13.

[2] Frahm OELLERS, « Article 41 », In, Zimmermann/Tomuschat/Oeller Frahm, (Dir), *Statute ...*, p. 934.

maximale) ni de permettre des mesures sans aucun type de démonstration de compétence (position minimale) »[1]. Il fallait donc chercher une position intermédiaire, un équilibrage.

27. Un équilibrage réussi. Dans la perspective, de trouver la solution qui convenait à la physionomie du contentieux des droits de l'Homme, les auteurs ont fini par s'entendre sur la mise au point, d'une technique qui aurait la particularité de prendre en compte tous les intérêts en jeu. En effet, cela a abouti à la consécration de la compétence *prima facie*, une compétence reposant sur une fiction juridique, une compétence d'apparence. Ainsi, comme la CADHP l'indique, au sujet de sa compétence *prima facie* pour indiquer des mesures provisoires, « *elle n'a pas à se convaincre qu'elle a compétence sur le fond de l'affaire* »,[2] mais de simplement « *s'assurer qu'elle a compétence prima facie* »[3]. Il s'agit là, pour la Cour, de rechercher une compétence à première vue. L'équilibrage ainsi réussi se traduit par la consécration de la compétence *prima facie.*

C'est l'ensemble de tout ceci qui concourt à démontrer le caractère spécial de la compétence *prima facie* dont son autonomie fait partie intégrante.

B. Le caractère autonome de la compétence prima facie

28. L'originalité de l'autonomie. L'autonomie étant le caractère de ce qui a le « *pouvoir de se déterminer soi-*

---

[1] Robert KOLB, *La Cour Internationale de justice, Op. cit.*, p. 643.

[2] Cour africaine des droits de l'Homme et des peuples, Ordonnances mesures provisoires, *Dexter Eddie Johnson c. Ghana*, requête n° 016/2017.

[3] Cour africaine des droits de l'Homme et des peuples, Ordonnances mesures provisoires, *Commission Africaine des Droits de l'Homme et des Peuples c. Lybie,* requête n° 2013.

même »[1], l'affirmation de l'autonomie de la compétence *prima facie* l'est en comparaison à d'autres éléments. En effet, l'affirmation de l'autonomie de la compétence *prima facie* de la Cour est faite par opposition aux autres compétences dont elle est titulaire. Le constat de cette autonomie amène à dire que la compétence *prima facie* de la CADHP est une compétence indépendante **(1)** ; mais une compétence qui se distingue avec beaucoup de difficulté de la compétence au fond et de la recevabilité **(2)**.

1. Une compétence indépendante

29. Une indépendance affirmée vis-à-vis des autres compétences. La compétence *prima facie* se distingue d'autres formes de compétence. Ainsi, son analyse ne nécessite aucun recours à l'examen d'une compétence matérielle. En effet, la compétence *prima facie* de la Cour apparait comme une compétence particulièrement indépendante des autres formes de compétence. Elle est une compétence indépendante. Cette indépendance est constatable en ce sens que, pour l'examen des demandes en indication de mesures provisoires pour lesquelles elle est saisie, la Cour avant d'analyser sa compétence pour connaitre au fond [2] l'affaire, procède séparément, à l'analyse de sa compétence *prima facie*[3]. Ce qui achève de mettre en avant l'indépendance de ladite compétence.

30. L'affirmation de l'indépendance de la compétence *prima facie* dans le langage de la Cour. Le constat de cette affirmation, dans le langage des juges de la CADHP, tient en ce que ces derniers ne manquent pas de la rappeler dans leurs décisions. En effet, il est constant de lire dans les décisions de la Cour, l'expression selon laquelle

---

[1] Gérard CORNU, *Vocabulaire juridique*, *Op. cit.*, p. 259.

[2] Ce qui inclut les compétences *rationae materiae* et *rationae personae.*

[3] Affaire *Togia Latondji Akouedenoudje c. Benin,* requête N° 024/2020.

« *la présente décision est de nature provisoire et ne préjuge en rien, les décisions que la Cour pourrait prendre sur sa compétence, la recevabilité de la requête et sur le fond* »[1]. L'usage constant de l'expression et surtout sa clarté témoignent avec éloquence de ce que la compétence *prima facie* se distingue de la compétence au fond et de la question de la recevabilité des demandes. Ce qui nous amène, à l'appréhender comme une sorte de compétence atypique, une compétence de transition.

31. La compétence *prima facie* comme une compétence transitoire. Ici, nous entendons, mettre en exergue l'idée selon laquelle, la compétence *prima facie* se présente comme une forme de compétence non définitive. En fait, elle se présente comme une compétence transitoire. Transitoire dans la mesure où son seul établissement ne suffit pas pour reconnaitre, de manière définitive, la compétence de la Cour. On comprend dès lors, ce qui a fait dire à Georges WIEDERKEHR que « *les mesures provisoires sont destinées à produire un effet passager* »[2]. Cela, principalement en raison du fait que la Cour, après avoir établi sa compétence *prima facie*, pour faire face à la situation d'urgence, est censée établir pour trancher le litige au fond, une nouvelle compétence. Ce qui achève de nous faire ainsi comprendre l'idée de la non-influence de la compétence *prima facie* sur la compétence au fond et la recevabilité des affaires devant la Cour. On infère de tout ceci que la compétence *prima facie* est une compétence dont la validité est limitée à la seule période de l'examen de la demande de mesures provisoires. Ce qui sous-entend que, dès le moment où, la Cour entre dans le règlement au fond

---

[1] Affaire *Adama Diarra dit Vieux BLEN c. Mali*, requête N° 047/2020.

[2] Georges WIEDERKEHR, « L'accélération des procédures et les mesures provisoires », *Art. cit.*, p. 452.

de la requête initiale, elle se doit de procéder à nouveau à l'examen de sa compétence au fond[1].

Tout ceci permet de conforter l'idée de l'indépendance de la compétence *prima facie.* Toutefois, il faut le dire, la dissociation de la compétence *prima facie* de la compétence au fond et de la recevabilité n'est pas aisée.

2. Une compétence difficilement dissociable de la compétence au fond et de la recevabilité

32. La question de la compétence au fond et de la recevabilité devant la CADHP. Lorsque la Cour est saisie d'un différend, comme nous l'avons vue plus haut, elle peut se voir solliciter pour indiquer des mesures provisoires. Dans ce cas, elle est amenée à mettre en jeu une technique consistant à analyser si elle a compétence *prima facie* pour indiquer les mesures sollicitées. Mais, ces mesures étant provisoires et destinées à régler le plus rapidement possible une situation d'urgence, la Cour procède à l'examen de sa compétence en tenant compte des circonstances et des intérêts à sauvegarder.

Toutefois, cette compétence étant circonstancielle, son existence est subordonnée à la seule situation d'urgence. Ainsi, lorsque la Cour termine l'examen de la demande en indication des mesures provisoires, elle se doit, pour rendre sa décision au fond procéder à l'examen de sa compétence à connaitre l'affaire au fond, mais aussi, la recevabilité de l'affaire. Cela va naturellement de soi puisque « *le but de la procédure étant d'examiner une demande au fond relative à des allégations de violation des droits, toute l'énergie procédurale doit être mobilisée à cette fin et n'être contrariée qu'en cas d'incident de procédure exprimé à*

---

[1] Robert KOLB, *La Cour Internationale de justice, Op. cit.*, p. 641.

travers une exception formelle »[1]. Ce qui fait état donc, d'une dissociation entre la compétence *prima facie*, la compétence au fond et la recevabilité. Puisque la compétence *prima facie* ne justifie que de manière provisoire la compétence de la Cour. L'initiative de l'examen d'une véritable compétence est une obligation à laquelle la Cour doit se soumettre.

En effet, l'analyse de la compétence au fond de la Cour est effectuée suivant des règles établies par son règlement intérieur. À lire le Règlement intérieur de la Cour, plus précisément la règle 50, il est permis de lire que :
« *Conformément aux articles 3 et 4 du Protocole, la Cour est compétente en matière contentieuse et consultative. À cet égard, elle est compétente : a) pour connaître de toutes les affaires et de tous les différends dont elle est saisie concernant l'interprétation et l'application de la Charte, du Protocole et de tout autre instrument pertinent relatif aux droits de l'homme et ratifié par les États concernés ; b) pour donner un avis consultatif sur toute question juridique concernant la Charte ou tout autre instrument pertinent relatif aux droits de l'homme* »[2].

Dans la même foulée, au sujet de la question de la recevabilité, le règlement prévoit que lorsque la Cour est saisie :

« 1. *La Cour procède à un examen de la recevabilité des requêtes introduites devant elle conformément aux articles 56 de la Charte et 6, alinéa 2 du Protocole, et au présent Règlement. 2. Les requêtes introduites devant la Cour doivent remplir toutes les conditions ci-après : a)*

---

[1] Alain Didier OLINGA, « La première décision au fond de la Cour africaine des droits de l'homme et des peuples », In *La Revue des droits de l'homme*, p.6. Tiré sur : http://journals.openedition.org/revdh/953. Consulté le 28/05/2022.

[2] Règlement intérieur de la Cour Africaine des Droits l'Homme et Peuples, Règle 29.

Indiquer l'identité de leur auteur, même si celui-ci demande à la Cour de garder l'anonymat ; b) Être compatibles avec l'Acte constitutif de l'Union africaine et la Charte ; c) Ne pas être rédigées dans des termes outrageants ou insultants à l'égard de l'État concerné et ses institutions ou de l'Union africaine ; d) Ne pas se limiter à rassembler exclusivement des nouvelles diffusées par les moyens de communication de masse ; e) Être postérieures à l'épuisement des recours internes s'ils existent, à moins qu'il ne soit manifeste à la Cour que la procédure de ces recours se prolonge de façon anormale ; f) Être introduites dans un délai raisonnable courant depuis l'épuisement des recours internes ou depuis la date retenue par la Cour comme faisant commencer à courir le délai de sa saisine ; g) Ne pas concerner des affaires qui ont été réglées par les États concernés, conformément aux principes de la Charte des Nations Unies, de l'Acte constitutif de l'Union africaine ou des dispositions de la Charte »[1].

C'est principalement l'examen de ces différents éléments, qui fonde, lorsqu'ils sont considérés comme existants, la possibilité pour la Cour de se prononcer au fond d'une affaire. Mais, même s'il est vrai comme présenté que l'examen de la compétence au fond et de la recevabilité d'une affaire devant la Cour semble se distinguer de la compétence *prima facie*, il n'en demeure pas moins que, la dissociation ou du moins la distinction n'est pas tout le temps aisé. Ceci, en raison des imbrications possibles de la compétence au fond d'une affaire et la compétence pr*ima facie.*

33. Des imbrications possibles entre la compétence *prima facie* et la compétence au fond. La notion d'imbrication renvoyant à l'état des choses qui se recouvrent mutuellement, on peut être fondé à dire que, ces

---

[1] Règlement intérieur de la Cour Africaine des Droits l'Homme et Peuples, Règle 50.

deux formes de compétence ne s'opposent pas de façon catégorique. Une telle affirmation est fondée sur le fait qu'il est possible de remarquer dans le raisonnement des juges de la CADHP une tendance à analyser des éléments de la compétence au fond, pendant qu'elle est censée procéder à une analyse *prima facie* de sa compétence. Pour nous en convaincre, nous pouvons observer le raisonnement quasi présent dans les ordonnances portant mesures provisoires ordonnées par la Cour. En effet, de la lecture minutieuse des décisions de la Cour, il est permis de relever que, cette dernière a tendance à souvent y inclure une analyse de sa compétence matérielle et personnelle. En fait, étudiant l'Affaire *Harouna Dicko et autres c. Burkina Faso*[1], le constat de l'imbrication est aisé. Cela dans la mesure où, au paragraphe 14 de la décision, la Cour commence par affirmer que « *s'agissant des mesures provisoires, la Cour n'a pas à s'assurer qu'elle a compétence sur le fond de l'affaire, mais seulement qu'elle a compétence prima facie* »[2]. Ce qui sous-entend qu'en l'espèce, elle affichait d'ores et déjà qu'elle ne s'attarderait qu'à analyser de manière sommaire, la probabilité qu'elle soit compétente au fond de l'affaire, sans toutefois s'en rassurer. Pourtant, force est de remarquer que, la Cour, en lieu et place d'effectuer une étude sommaire de sa compétence, s'est également évertuée à justifier ses compétences matérielle[3]

---

[1] Cour africaine des droits de l'Homme et des peuples, Affaire *Harouna DICKO et autres c. Burkina Faso,* Requête N° 037/2020.

[2] *Idem.*

[3] S'agissant de sa compétence personnelle, la Cour note au paragraphe 17 de la décision qu'« *En l'espèce, les Requérants allèguent la violation de dispositions de la Charte africaine de la démocratie, des élections et de la gouvernance, instrument auquel l'Etat défendeur est partie et que la Cour a considéré comme un instrument des droits de l'homme qu'elle a compétence pour interpréter et appliquer en vertu de l'article 3 (1) du Protocole* ».

et personnelle[1]. Lesquelles, sont pourtant liées à une analyse destinée à l'établissement d'une compétence au fond. Or, la Cour semble les présenter comme faisant partie intégrante des éléments à analyser lors de l'établissement de sa compétence *prima facie.*

L'analyse se retrouve renforcée quand un peu plus loin, la Cour, après avoir terminé l'analyse de ses compétences, soutient « *qu'elle a compétence prima facie pour connaître de la requête aux fins de mesures provisoires* »[2]. De cette déduction, nous pouvons conclure à notre tour que pour la Cour, ses compétences matérielles et personnelles sont des éléments intégrant sa compétence *prima facie.* Or, une telle idée n'est ni fondée ni logique. À vrai dire, l'idée pour la Cour de procéder à l'examen de sa compétence aurait dû être simplement superficielle. Elle n'aurait pas dû, conformément à la logique qui sous-tend la compétence *prima facie,* procéder à de tels examens. Puisqu'après l'examen de la demande portant indication de mesures provisoires, la Cour sera tout naturellement invitée à les établir à nouveau pour trancher l'affaire au fond. Dans la même veine, comme nous l'avons relevé, les mesures provisoires sont examinées dans le cadre de procédures incidentes. La Cour doit juste s'en tenir à l'examen très sommaire de ce qui apparait comme probable. C'est sans nul doute, ce qui a fait dire au professeur Robert KOLB, que la superficialité de la compétence *prima facie* et ses exigences correspondent « *à une procédure d'urgence* »[3].

---

[1] Il est possible de lire au paragraphe 18 que « *La Cour note en outre, comme établi au paragraphe 2 de la présente Ordonnance, que l'État défendeur est partie à la Charte, au Protocole et a également fait la déclaration par laquelle il accepte la compétence de la Cour pour recevoir les requêtes émanant des individus et des ONG conformément à l'article 3a (6) lu conjointement avec l'article 5 (3) du Protocole* ».

[2] Cour africaine des droits de l'Homme et des peuples, Affaire *Harouna DICKO et autres c. Burkina Faso,* Requête n° 037/2020

[3] Robert KOLB**,** *La Cour Internationale de Justice, Op. cit.,* p. 643.

Par conséquent, les techniques et mécanismes procéduraux doivent s'adapter à la situation en cause. Dès lors, la démarche de la Cour incluse dans l'établissement de sa compétence *prima facie*, les questions liées à ses compétences matérielle et personnelle sont difficilement justifiables. Toutefois, est-ce pour une fin particulière ?

Pour Samson Mwin Sô Mè DABIRE, le fait pour la Cour d'analyser, dans le cadre de sa compétence *prima facie*, une compétence matérielle ne devrait être vue comme une analyse proprement dite de « *sa compétence complète au fond* »[1], mais comme une « *analyse de sa compétence au fond vue au rabais* »[2]. À ce sujet, même s'il est vrai que la question de la nature sommaire de la compétence rejaillit, il n'en demeure pas moins que cette démarche de la Cour, d'inclure dans l'examen de sa compétence *prima facie*, des questions liées à sa compétence sur le fond semble ne pas valablement coïncider avec l'esprit qui gouverne une telle compétence. Mais, loin de juger l'opportunité d'une telle démarche, nous pensons avoir réussi à démontrer les éléments de l'imbrication annoncée.

Tout ceci aboutit donc, à la perception des imbrications possibles entre la compétence *prima facie* et la compétence au fond. Mais, au-delà de ces subtilités, il est permis de constater que la compétence *prima facie,* en raison de sa technicité est appréciée par la Cour.

---

[1] Samson Mwin Sô Mè DABIRE, « Les ordonnances de la Cour Africaine des Droits de l'Homme et des Peuples dans les affaires Sébastien AJAVON c. Bénin et Guillaume SORO et autres c. Côte d'Ivoire : souplesse ou aventure ? », In *Annuaire africain des Droits de l'Homme,* Vol 4, 2020, p. 482.

[2] *Ibidem.*

Paragraphe 2 : Une compétence appréciée pour sa technicité

34. Une appréciation fondée sur la simplicité de l'analyse. La lecture minutieuse des décisions de la CADHP donne de remarquer une certaine propension des juges à l'appréciation de la compétence *prima facie.* Cela, principalement au regard des exigences techniques qu'elle appelle à mettre en œuvre. En réalité, les juges de la CADHP semblent s'accommoder aisément de cette forme de compétence dont l'analyse semble assez aisée. On comprend, dès lors, la brièveté de son analyse dans le raisonnement des juges relatif au prononcé d'une mesure provisoire[1]. Ce qui nous amène, toujours dans la même dynamique, à nous dire que c'est certainement la brièveté de son analyse qui fait qu'elle est aimée par la Cour, car les éléments méthodologiques[2] entrant en ligne de compte ne sont pas difficiles à mettre en œuvre. Le disant, nous comprenons tout naturellement l'appréciation par la Cour de la compétence *prima facie.*

35. Une facilité pas tant évidente. On part de l'idée que, même en tenant compte de ce que la compétence *prima facie* de la Cour apparait assez facile à mettre en œuvre, tout n'est pas aussi simple. Il convient de relever que dans sa technicité, elle fait aussi appel à un minimum d'exigence. Ce n'est donc pas une technique détachée du droit. Ceci, a pour conséquence de mettre dans la perspective de

---

[1] L'analyse de la compétence *prima facie* dans le cadre de l'examen des demandes de mesures provisoires pour lesquelles elle est saisie est assez brève. Elle ne dépasse en général pas plus de deux paragraphes. Ce qui fait que l'on est enclin à s'interroger de la facile analyse de la compétence *prima facie* contrairement aux autres compétences, car circonstanciée. Et c'est là tout le fondement de l'appréciation que la CADHP lui attache.

[2] Nous entendons par éléments méthodologiques, l'ensemble des techniques d'analyse et d'appréciation mises en jeu par la Cour en vue de l'établissement de sa compétence *prima facie.*

l'appréciation, les exigences liées à l'analyse de la compétence *prima facie.* Il convient donc d'appréhender les exigences de la compétence *prima facie* de la Cour comme faisant partie intégrante des raisons de son appréciation. Ces exigences tiennent en ce que la compétence *prima facie* exige une analyse préliminaire **(A)**, une analyse apparaissant significative au fond[1] **(B)**.

A. Une analyse préliminaire de la compétence prima facie de la Cour

36. L'analyse de la compétence *prima facie* comme une exigence liminaire. Dans l'analyse par la Cour de sa compétence, pour connaitre d'une affaire, c'était posé une question aussi importante que subtile. Il s'agissait de celle de savoir si les juges devaient examiner préalablement la recevabilité de la demande[2] avant de se prononcer sur la compétence de la Cour. C'est dans cette foulée que le juge Ouguergouz[3] a affirmé, s'interrogeant de l'ordre d'analyse de la compétence et de la recevabilité des affaires par la Cour, dans l'une de ses opinions individuelles ceci : « *est-ce que cela aurait un sens qu'il (le juge) commence à s'occuper de ce qu'on lui demande de faire, sans au préalable se préoccuper de savoir s'il peut le faire ? La logique et le bon sens commandent que la Cour doive d'abord s'assurer qu'elle a compétence pour connaître d'une requête avant d'examiner la recevabilité de celle-*

---

[1] Ce qui peut sembler contraire à l'esprit de la superficialité dont est revêtue la compétence *prima facie.* Pourtant l'idée que nous entendons mettre en exergue est celle selon laquelle même s'il est admis que la compétence *prima facie* de la Cour est l'une, pour ne dire la seule, dont l'examen est aisé, il ne faut toutefois pas penser qu'elle est simple.

[2] Alain Didier OLINGA, « La première décision au fond de la Cour africaine des droits de l'homme et des peuples », *Art. cit.,* p. 5.

[3] Ancien Président de la Cour Africaine des Droits de l'Homme et des Peuples.

ci »[1]. Cette affirmation s'inscrit dans la prolongation des termes de l'article 39 du protocole sur la Cour qui stipule que, « *la Cour procède à un examen préliminaire de sa compétence* ». Ainsi, on peut tirer de tels propos que la Cour doit, avant de se prononcer, sur le bienfondé d'une demande en indication de mesures provisoires, s'assurer qu'elle a une compétence *prima facie,* et ce dès l'entame de l'examen de la requête.

Cela appert dans notre entendement comme justifié **(1)**. Et qui plus est, la compétence *prima facie*, au travers de sa particularité souvent l'objet de controverse s'offre à nous comme étant rythmée **(2)**.

1. Une analyse justifiée

37. L'explication de la justification. La principale idée ici, ou du moins celle que nous entendons, mettre en avant consiste à démontrer en quoi le fait pour la Cour de vérifier de manière préliminaire sa compétence est justifié. Le disant, on peut être admis à s'accorder avec Frahm OELLERS, pour dire que la question de la compétence de la Cour « *a priorité sur d'autres questions* »[2]. Cette priorité de la compétence de la Cour est censée aller de soi dans la mesure où il est difficilement concevable que la Cour se livre à un examen direct de la requête pour laquelle elle est saisie ou à la vérification de la recevabilité de la demande en d'indication des mesures provisoires sans avoir préalablement vérifier si elle peut au regard des textes normatifs, connaitre une telle affaire.

---

[1] Fatsah OUGUERGOUZ, « Article 56 », In Maurice KAMTO (dir.), *La Charte africaine des droits de l'homme et des peuples et le Protocole y relatif portant création de la Cour africaine des droits de l'homme et des peuples. Commentaire article par article*, Bruxelles, Éditions Bruylant, Éditions de l'Université de Bruxelles, 2011, p. 11.

[2] Frahm OELLERS, « Article 41 », Zimmermann/Tomuschat/Frahm OELLERS (dir), In *Statute ..., Op.cit.*, p. 935.

Mais, cela semble ne pas aller de soi. Puisque contrairement à ce que nous pensons logique et donc évident, la question de l'analyse préliminaire de compétence de la Cour avant toute autre question ne semble pas être l'avis de tous. En effet, on se souvient spontanément de ce qu'avait affirmé le juge NGOEPE dans l'une de ses opinions individuelles. Pour ce dernier, ayant pris position contraire avait soutenu que « *le ciel ne s'effondrera pas simplement parce que dans une affaire, la Cour a commencé par traiter de la recevabilité au lieu de la compétence, ou vice-versa* ». Pour lui, l'ordre de l'examen de la compétence de la Cour qu'elle soit *prima facie* ou non *prima facie* importe peu. Pourtant, il est difficilement concevable. Le bon sens voudrait que la Cour arrive à établir d'abord sa compétence avant de vérifier si l'affaire pour laquelle elle est saisie est recevable. Car, comme le rappel avec Alain Didier OLINGA, « *l'enjeu de la question n'est certes pas à la mesure d'un risque d'effondrement du ciel, mais il serait pour le moins cocasse pour la Cour d'avoir à constater qu'elle est incompétente après avoir déclaré une requête recevable* »[1]. C'est d'ailleurs, cette même position que défendaient les juges El Hadji GUISSE et Gérard NIYUNGEKO dans leur opinion dissidente commune, en affirmant que « *cette démarche est confuse et manque de cohérence* »[2]. Cela concourt à conforter notre analyse consistant en la justification de l'examen préliminaire de la compétence *prima facie.*

38. Une analyse en phase avec le contentieux de l'urgence. Dans le contentieux international, la question de la compétence juridictionnelle est revêtue d'une importance particulière. L'idée que nous entendons mettre en exergue repose sur le fait que, dans le contentieux international, les

---

[1] Alain Didier OLINGA, *Art. cit.*, p. 5.

[2] Opinions dissentes communes jointes à l'affaire *Urban Mkandawire c. Malawi* en date du 21 juin 2013.

contraintes procédurales s'infléchissent devant le règlement d'une situation d'urgence. C'est d'ailleurs, toute l'essence des discussions qui ont eu lieu au sujet des mesures conservatoires de la Cour Internationale de Justice (CIJ). En effet, lorsque le juriste brésilien R. FERNANDES avait proposé l'introduction dans le statut de la CIJ, d'une technique destinée à faire face aux situations dans lesquelles une réponse rapide de la Cour aurait été nécessaire ; des discussions pertinentes avaient été commencées. Ces discussions étaient liées au sujet de l'opportunité de permettre à la Cour de rendre une décision sans avoir préalablement justifié qu'elle était compétente pour la faire. C'est ce qui avait incité, le comité à refuser ladite proposition dans un premier temps. Mais, compte tenu de son importance, la consécration de la technique des mesures provisoires avait été faite en contrepartie de l'instauration de la compétence *prima facie* afin de permettre une analyse, aussi minime qu'elle soit de la compétence de la Cour. Alors, il nous apparait inconcevable qu'il soit possible pour la CADHP de donner suite ou à tout le moins d'analyser une demande en indication de mesures provisoires sans avoir préalablement vérifié, qu'il y'ait des raisons suffisantes de croire qu'elle peut être compétente[1].

C'est l'ensemble de ces constats qui donnent du rythme à l'analyse préliminaire de la compétence *prima facie.*

2. Une analyse rythmée

39. Les acteurs du rythme de l'analyse. Au sujet du rythme que subit l'analyse de la compétence *prima facie,* nous entendons mettre en lumière une réflexion au sujet des

---

[1] Samson Mwin Sô Mè DABIRE, « Les ordonnances de la Cour Africaine des Droits de l'Homme et des Peuples dans les affaires Sébastien Ajavon c. Bénin et Guillaume Soro et autres c. Côte d'Ivoire : souplesse ou aventure ? », *Op. cit.,* p. 3.

différentes controverses qui alimentent voire qui contribuent à son affinement ou du moins à sa compréhension aisée. Partant, la notion de rythme peut être appréhendée comme la « *succession de temps forts et de temps faibles* »[1]. Elle ramène à la question d'un mouvement qui s'effectue par rapport à un objet particulier.

Relativement à ce fait, il est permis de poser le constat suivant lequel, il existe un très grand travail de fond qui est effectué par les juges de la Cour. On peut être tenté de dire que ce sont eux qui du fait de la dynamique de leurs raisonnements lumineux et atypiques ont permis la simplification d'une telle compétence. En effet, il est concevable de s'accorder avec Samson Mwin Sô Mè DABIRE pour dire que cette implication ô combien légitime des juges a été permise par la règle 70 du règlement de la Cour qui dispose que « *tout Juge de la Cour ayant siégé dans une affaire peut, s'il le désire, joindre à la décision l'exposé de son opinion individuelle ou dissidente* »[2]. Cette affirmation nous permet de dire que les juges de la CADHP sont les principaux acteurs du rythme constatable au sujet de l'analyse de la compétence *prima facie* dans la mesure où en plus d'expliciter les décisions qu'ils rendent, les juges ont tendance à susciter des interrogations aussi importantes que pertinentes. Ce qui a pour conséquence de permettre l'affinement et la compréhension de la compétence *prima facie* de la CADHP en matière de mesures provisoires.

40. Les manifestations du rythme de l'analyse. Au-delà, de l'analyse préliminaire de la compétence *prima facie* par la Cour, il est permis d'inclure l'intensité de l'analyse à laquelle le juge se livre lorsqu'il procède à son

---

[1] *Dictionnaire Français Larousse, compact, maitriser la langue pour mieux s'exprimer,* Paris, Edition Jacques FLORENT, 2005, p. 1242.

[2] Règlement intérieur de la Cour Africaine des Droits de l'Homme et des Peuples, 2020, Règle 70.

examen. Chemin faisant, il est possible d'écrire que l'intensité apparait tantôt faible, tantôt audacieuse. En effet, de la lecture des décisions rendues par la Cour, il est possible de soutenir que les juges de la CADHP avaient tendance à faire preuve d'audace dans la mesure où ils n'hésitaient pas à s'écarter souvent de règles pourtant classiques auxquelles l'accès à leur prétoire est conditionné. À titre d'illustration, on observe que le juge a souvent admis qu'il n'était pas nécessaire pour les requérants de satisfaire aux exigences de l'épuisement des voies de recours internes[1]. On infère donc, de cette affirmation que sa compétence *prima facie* lui permet de connaitre des affaires n'ayant pas été apurées par les juridictions nationales. Ce qui nous astreint donc, à appréhender les juges de la CADHP comme des juges actifs, des juges qui contribuent à l'enrichissement de la réflexion. Mais, toujours mu par la recherche du rythme, on est aussi admis à reconnaitre un autre fait marquant. En fait, dans l'examen de la demande en indication de mesures provisoires, la Cour a dans la même affaire, procédé pour une première fois à l'analyse de la recevabilité *prima facie*[2]. Le juge de la CADHP n'est donc pas un juge timide qui s'efforce à juger en tenant compte de la contrainte de ne pas juger *infra petita et ultra petita*.

L'étude de cette partie nous a permis de comprendre la manière dont se manifeste le rythme dans l'analyse de la compétence *prima facie*. Mais, il apparait également qu'en plus d'être rythmée, l'analyse effectuée, loin d'être totalement théorique, met en ligne de compte une certaine profondeur.

---

[1] Cour africaine des droits de l'Homme et des peuples, Affaire *Guillaume Soro et Autres c. Côte d'Ivoire,* requête n° 012/2020.

[2] *Ibidem.*

B. Une analyse significative de la compétence prima facie de la Cour

41. La question de la significativité. Il est nécessaire, dans l'élan de la présente réflexion, de s'interroger sur la compréhension de la notion de « significativité ». Il est possible de la définir comme le caractère de « *ce qui est lourd de sens* »[1]. Ce qui sous-entend que la notion de la significativité peut être regardée comme faisant état de ce que l'analyse apparaisse comme étant fortement imbibée d'une technicité qui la rend complète au fond ; même si étant donné sa définition, elle est censée être sommaire dans la forme. Cette significativité est permise par deux techniques qu'utilise la Cour. Il s'agit, de la technique, de l'incompétence manifeste de la Cour et de la technique de la probabilité de compétence **(1)** ; lesquelles semblent être revêtues d'une particularité **(2)**.

1. Les techniques d'analyse possibles de la compétence prima facie de la Cour

42. Des techniques mises au point par la CIJ. Mises au point par la Cour Internationale de Justice, les techniques de l'incompétence manifeste et de la probabilité de compétence sont des techniques qui permettent à la Cour d'établir sa compétence de manière soit négative soit positive. En effet, résultant d'un compromis, tenant à l'opposition des intérêts liés à l'urgence et à la nécessité pour la Cour d'établir sa compétence, ces techniques permettent à la Cour de procéder à l'établissement de sa compétence en partant de l'analyse de raisons pouvant la rendre probablement incompétente ou compétente. Ces techniques permettent à la vérité de procéder à l'établissement de la compétence de la Cour en partant de

[1] *Dictionnaire Français Larousse, compact, maitriser la langue pour mieux s'exprimer*, *Op. cit.*, p. 1289.

ce qui apparait à première vue. Elles ont pour la première fois été dégagées par la CIJ, à l'occasion de l'affaire de l'*Anglo-Iranian Oil Cy (*1951)[1].

43. La compréhension de la technique de l'incompétence manifeste. Cette technique consiste en l'établissement par la négative de la compétence de la Cour. En effet, l'utilisant, la Cour se fonde sur des raisons qui, analysées de façon sommaire et abstraite, pourraient être une cause pouvant l'empêcher de connaitre de l'affaire en raison d'une absence possible de compétence.

44. La technique de la probabilité de compétence comme technique utilisée par la CADHP. Au terme de cette analyse, on peut retenir que, la technique de la probabilité de compétence est utilisée par les juges de la CADHP. Mais cette technique semble avoir été adoptée à des fins particulières.

2. L'adoption d'une technique particulière par la Cour

45. De l'adoption de la technique de la probabilité de compétence comme technique d'analyse de la Cour... Contrairement à l'autre type de technique, celle-ci fonde son approche dans une dynamique positive. Une dynamique positive, en ce sens que dans sa mise en œuvre, elle incite les juges à procéder de manière positive à une analyse concrète de possibilité. C'est-à-dire, il appartient aux juges, en application de cette technique de vérifier si la demande par laquelle ils sont saisis présente des éléments qui peuvent rassurer d'une quelconque possibilité que la Cour soit compétente au fond, pour connaitre l'affaire. À ce sujet, dans la physionomie des ordonnances portant mesures provisoires, il est loisible de lire que les juges ont plutôt

---

[1] Cour internationale de justice, Affaire de l'*Anglo-Iranian Oil Cy (*Royaume-Uni c. Iran), 1951.

tendance à utiliser cette technique au détriment de l'autre. Cela, dans la mesure où, quand ils sont saisis, la dynamique de leur raisonnement tend à justifier la compétence de la Cour et non à démontrer qu'il peut y avoir une possibilité que la Cour soit incompétente. Ce raisonnement est constatable dans toutes les ordonnances portant mesures provisoires rendues par la CADHP[1] ; ce qui témoigne d'une démarche particulière de la part des juges.

46. À la justification. S'agissant, de la tendance des juges de la CADHP à recourir à la technique de la probabilité de compétence, elle semble être mue par les avantages techniques que cette dernière présente. En effet, réflexion faite, ladite technique permet à la Cour de procéder à un examen de sa compétence à première vue, sans toutefois hypothéquer la procédure au fond. En effet, cela s'inscrit dans la dynamique d'éviter que la Cour, s'étant contentée de l'analyse d'une incompétence manifeste, laisse passer des éléments qui auraient puis fonder sa compétence. Ainsi, l'utilisation de la technique de la probabilité de compétence permet, à la Cour de faire le tour de la question de sa compétence et de s'assurer que, l'examen de sa compétence ne préjudicie en rien le litige au fond.

Au terme de cette section de notre réflexion, nous pouvons conclure que la technique des mesures provisoires, dans son élan de protéger l'intégrité judiciaire, bénéficie d'une certaine facilitation due à la fiction qu'est la compétence *prima facie.* Mais aussi, convient-il de le dire, l'élan de protection actionnée par la compétence *prima facie* ne s'exécute pas en un trait. Il est sujet à des incertitudes et à des certitudes.

---

[1] Statistiques des requêtes en indication de mesures provisoires. Tiré sur le site : https://www.african-court.org/cpmt/fr/provisional-measures. Consulté le 28/05/2022.

SECTION II : UNE TECHNIQUE DE PROTECTION MUÉE PAR LA NON - AGGRAVATION DU LITIGE

47. La compréhension de la non-aggravation. Dans la continuité, de la démarche consistant en la précision première des idées à développer, il importe dans notre entendement de tenter une compréhension de la notion de « *non-aggravation* ». La non-aggravation du litige est la conséquence poursuivie par la technique des mesures provisoires. Elle s'inscrit dans la dynamique de la protection de la fonction de juger. En effet, si juger consiste au règlement d'un différend, la non-aggravation du litige se présente comme sa conséquence. Il faut tout simplement retenir que la technique des mesures provisoires facilite l'efficacité du règlement, en tentant par des approches pacifiques d'éviter d'aggraver le litige[1].

Comme, le révèle le Professeur Robert KOLB, « *l'instauration d'une Cour de justice est de contribuer à régler pacifiquement des différends, c'est-à-dire de faire en sorte que les tensions soient diminuées et que le litige soit acheminé vers une modalité rationnelle de règlement* »[2]. Ainsi, toute l'opportunité d'une juridiction de protection des droits de l'Homme, surtout de la CADHP, réside en sa faculté à assurer une certaine efficacité de ses décisions. Or, ce but peut être contré si l'état du litige s'accentue. Ce qui aurait pour effet de faire paraitre la saisine de la Cour comme un geste vide de sens.

48. L'appréhension de la mutation possible. Déjà, il faut relever que la notion de muée a été mise en avant dans le but de relever l'idée qu'il puisse y avoir une certaine incertitude, dans la question de la recherche de la non-aggravation du litige. Ceci, dans la perspective de relever

[1] Cour africaine des droits de l'Homme et des peuples, Affaire *Cosma Faustin c. Tanzanie,* Requête n° 018/2016.

[2] Robert KOLB, *La Cour Internationale de justice, Op. cit.*, p. 636.

que rien n'est assuré quant à la capacité pour la technique des mesures provisoires de parvenir à éviter la non-aggravation du litige.

49. Du caractère des mutations possibles. Les mutations possibles dans la quête de la non-aggravation du litige se présentent en deux temps. En effet, les mutations possibles s'articulent en certitude et incertitude. De sorte que, dans le cadre de la recherche de la non-aggravation du litige, on ne peut être rassuré quant à la possibilité de réussir dans l'absolu, à éviter l'aggravation du litige. Cela se justifie au travers du constat suivant lequel, la recherche de la non-aggravation du litige par la CADHP est fortement émaillée d'une dose d'incertitudes **(Paragraphe 1)**. Toutefois, cela n'exclut pas qu'il puisse y avoir des éléments de certitude **(Paragraphe 2).**

Paragraphe 1 : Les aspects incertains de la protection

50. De l'existence d'une incertitude. Au sujet, de la recherche de la non-aggravation du litige, on peut être tenté d'affirmer qu'elle ne peut être mise en œuvre sans un certain niveau d'incertitude. En fait, il existe un ensemble d'éléments souvent indépendants de la CADHP qui rendent difficile la réalisation d'un tel objectif. En vrai, il faut dire que la technique des mesures provisoires est souvent mise à l'épreuve **(A).** Mais, ces épreuves ne sont pas insurmontables **(B).**

A. De la mise à l'épreuve des mesures provisoires

51. Des épreuves au caractère potentiellement variable. Traitant de la variabilité des épreuves que peut rencontrer la quête de la non-aggravation du litige, nous entendons mettre l'accent sur le fait que ces épreuves se présentent sous diverses facettes et à des degrés variés. Mais, cela n'empêche pas de tenter un regroupement. Il s'agit d'ordonner ces différents facteurs qui effritent la recherche de la non-aggravation du litige. Dans la même veine, on peut être fondé à dire que les facteurs de la mise à l'épreuve sont constitués de la contestation par les États des mesures ordonnées[1] **(1)**, ce qui semble donc être exogène à la CADHP. Mais parallèlement, les éléments de l'épreuve n'étant pas tous exogènes, il est possible de constater des éléments endogènes à la CADHP qui concourent également à la mise en difficulté de la sauvegarde de l'objet du litige **(2).**

1. De la contestation répétée par les États des mesures ordonnées par la Cour

52. La tendance au refus d'exécuter les mesures provisoires ordonnées. Comme le souligne aisément le Professeur Laurence BURGORGUE-LARSEN, « *la justice des droits de l'homme est singulière* »[2]. Ainsi, pour cette dernière, la justice des droits de l'Homme s'inscrit dans une forme de tension, significative entre d'une part, ce qu'il faut appeler « l'éternelle raison d'État » et l'« irréductible souveraineté »[3] ; et d'autre part, la sophistication normative et la mise en place de mécanismes juridictionnels de

[1] Laurence BURGORGUE-LARSEN, *Les 3 Cours régionales des droits de l'homme, in context la justice qui n'allait pas de soi, Op. cit.*, p. 13.
[2] *Ibidem.*
[3] *Ibidem.*

protection particulièrement complexes découlant de la volonté des États[1]. Pour Silviana COCAN, en ayant accepté d'accorder la prérogative de juges à des institutions internationales, les États ont ainsi participé à la juridictionnalisation régionale des droits de la personne[2]. Toutefois, si l'aspect politique d'une telle manière d'agir n'est pas perceptible de l'extérieur, de l'intérieur, il est indéniable que « *le droit [étant] pétri par la politique* »[3], la politique est également au nombre des enjeux. C'est justement en raison de ce constat que le Professeur Laurence BURGORGUE-LARSEN soutient que l'efficacité des trois systèmes régionaux est difficile, car elle est toujours influencée par « *la politique juridique extérieure des États* »[4].

In limine litis, nous entendons signifier que, dès l'entame, nous avons été confrontés à un balbutiement quant à la formulation de l'intitulé du paragraphe. En fait, nous oscillons entre l'idée de mettre en avant le fait que certaines décisions portant mesures provisoires ne sont pas exécutées tout simplement ou s'il fallait dans la perspective mettre en avant ce refus comme une tendance des États. Réflexion faite, nous avons opté pour l'appréhension de la question comme une tendance pour les États. Il est permis d'appréhender, la question de la contestation des mesures ordonnées par la CADHP, comme une manière de faire des États, voire un comportement général. Mais, il faut le dire, cette tendance des États parties au protocole de la Cour

---

[1] Silviana COCAN, *Laurence Burgorgue-Larsen, Les 3 cours régionales des droits de l'homme in context. La justice qui n'allait pas de soi,* In Revue québécoise de droit international, Vol 33, numéro 1, 2020, p. 147.
[2] *Ibidem.*
[3] Laurence BURGORGUE-LARSEN, *Les 3 Cours régionales des droits de l'homme, in context la justice qui n'allait pas de soi*, *Op. cit.*, p. 21.
[4] *Ibidem.*

n'est pas seulement propre à la physionomie africaine du contentieux international. En effet, ce même constat est transposable au cadre européen. C'est ce que semble relever Sandrine WATHÉE lorsqu'elle soutient que « *l'on sait maintenant qu'à diverses reprises, certains États n'ont pas exécuté la mesure provisoire que leur indiquait la Cour Européenne* »[1]. Même si, d'une façon générale, l'on peut se dire que, même au niveau européen, il existe des failles, la situation apparait très grave et inquiétante au niveau africain. À ce titre, l'on remarque, dans le communiqué de Dar es-Salaam que seulement 10 % des ordonnances portant mesures provisoires ordonnées par la Cour ont été exécutées en 2020[2]. Pourtant, nous ne sommes pas sans savoir que, de telles actions ont pour conséquence de faire perdre à la Cour toute la confiance placée en elle.

53. Le retrait de la déclaration de compétence de la Cour en matière de requête individuelle comme forme de contestation préférée. Civexit[3], terme utilisé pour désigner le retrait par l'État de Côte d'Ivoire de la Déclaration de compétence facultative en matière de requêtes individuelles et de celles des ONG, est l'illustration parfaite pour comprendre l'idée que nous entendons développer dans le présent paragraphe. En effet,

---

[1] Sandrine WATHÉE, *Les mesures provisoires devant la Cour européenne des droits de l'Homme : La protection préventive des droits conventionnels en puissance* ? *Op. cit.*, p. 194.

[2] Communiqué de la conférence sur la mise en œuvre et l'impact des décisions de la Cour Africaine Des Droits de l'Homme et des Peuples, adopté le 3 novembre 2021 à Dar es-Salaam (Tanzanie), p. 9.

[3] Comme le relève Koffi KOUAME et Elisée Judicaël TIEHI dans « Le Civexit ou le retrait par la Côte d'Ivoire de sa déclaration d'acceptation de la compétence de la Cour africaine des droits de l'homme et des peuples : un pas en avant, deux pas en arrière », In La Revue des droits de l'homme, à l'image du Brexit ou autres termes similaires (Frexit, Rwexit), le Civexit est « une abréviation née de la contraction de “CIV”, norme internationale de codification de la Côte d'Ivoire, et de “Exit” signifiant sortie en anglais ».

il est permis d'observer le phénomène de la dénonciation des instruments de la Cour par les États comme une manière pour ces derniers de manifester leur mécontentement face aux décisions rendues par la Cour. Cela, peut paraitre comme allant de soi, puisque la dénonciation au travers de sa définition apparait comme une forme de sanction, mais il n'en demeure pas moins logique que la contestation d'une décision rendue par la Cour peut se faire par plusieurs moyens. De plus, il ne faut pas oublier, de mettre en avant le fait que, les ordonnances portant mesures provisoires sont destinées au règlement de manière provisoire d'une situation posant une urgence. Elles n'interviennent que de manière incidente. En tant que telles, il est logiquement concevable que, le fait de n'avoir pas réussi à faire valoir ses arguments au sujet de l'examen de la demande, ne préjudicie en rien une opportunité de les défendre à nouveau dans la discussion au fond de l'affaire.

Cette forme d'agissement est qualifiée par certains auteurs, à l'instar de Laurence BURGORGUE-LARSEN et de Samson Mwin Sô Mè DABIRE, comme une défiance des États à l'égard de la Cour. De sorte, qu'à l'heure actuelle, rendre une ordonnance en indication des mesures provisoires apparait comme un acte de bravoure[1].

Tout ceci permet de comprendre spécifiquement l'essence de la contestation des mesures provisoires par les États et globalement les incertitudes qui font que la recherche de la non-aggravation du litige n'est pas un état qui peut être atteint avec certitude. Mais, il convient de relever qu'à ce problème déjà pernicieux, s'ajoute l'inadéquation des délais souvent ordonnés par la Cour relativement à la situation pendante.

---

[1] Puisqu'en le faisant, elle s'expose à des représailles de la part de l'État défendeur. Cela dans la mesure où ce dernier serait tenté de dénoncer sa déclaration de compétence de la Cour.

2. De l'inadéquation de certains délais ordonnés par la Cour

54. Du caractère inconstant de certains délais prononcés par la Cour. Lorsque, l'on s'attarde, à l'examen des décisions portant mesures provisoires ordonnées par la Cour, l'une des observations qu'il est permis de poser, concerne les délais qu'ordonne la Cour aux États pour produire un rapport. En effet, il est donné de constater une certaine versatilité à ce sujet. Cela, principalement en raison du fait que, pour les mêmes droits en jeu dans des situations différentes, la Cour a prononcé des délais qui tantôt étaient courts, tantôt étaient longs. Pour s'en convaincre, il est possible de partir de deux arrêts[1] rendus par la Cour comme échantillons de l'analyse. Pour ce faire, il est donné de lire dans ces différentes décisions que les affaires examinées par les juges étaient en lien avec le droit à la vie. Pourtant, d'une décision à l'autre, les délais accordés par la Cour aux États défendeurs ne sont pas les mêmes. En effet, dans l'affaire *Habiyalimana Augustino et Mburo Abdulkarim c. Tanzanie*[2], la Cour avait été saisie dans la fin d'indiquer des mesures provisoires destinées à sursoir à l'exécution de la peine de mort qui avait été prononcée contre le requérant. Faisant suite à la demande du requérant, la Cour a ordonné à l'État défendeur de produire un rapport dans un délai de 60 jours. Pourtant, analysant la deuxième affaire[3] prise comme échantillon, nous constatons que, bien qu'étant en face d'une situation

[1] Il s'agit des Affaires *Habiyalimana Augustino et Mburo Abdulkarim c. Tanzanie* et *Ally Rajab et autres c. Tanzanie.*

[2] Cour africaine des droits de l'Homme et des peuples, Affaire *Habiyalimana Augustino et Mburo Abdulkarim c. Tanzanie*, Requête n° 016/2016.

[3] Cour africaine des droits de l'Homme et des peuples, Affaire *Ally Rajab et autres c. Tanzanie*, Requête n° 007/2015.

quasi similaire[1], la Cour a plutôt décidé d'enjoindre l'État défendeur à produire son rapport dans un délai de 30 jours. Ce qui semble à notre avis illogique, dans la mesure où, les deux affaires mettaient en jeu les mêmes droits. C'est ici, toute la question de l'inconstance des délais de la Cour. Il convient à notre avis d'envisager la mise en place d'une jurisprudence pour les délais d'exécutions des mesures provisoires. Ainsi, devraient être uniformisés les différents délais en fonction des droits à protéger.

Mais, au-delà de l'inconstance des délais prononcés par la Cour, il est un autre problème, il s'agit, de celui du déphasage entre les délais ordonnés par la Cour et la nature des droits à protéger.

55. Le constat de délais en déphasage avec les circonstances de l'espèce. Au-delà de l'inconstance de certains délais prononcés pour la mise en œuvre par les États des mesures de protection, il est une autre observation qui ne manque d'inquiéter plus d'un. Il s'agit, du déphasage entre les délais souvent prononcés par la Cour et l'importance du droit qu'il faut protéger en l'espèce. En effet, la lecture des décisions de la Cour donne de constater un certain illogisme dans certaines décisions. Il s'agit d'une tendance pour la Cour à enfermer l'exécution par les États des mesures qu'elle ordonne pour certains droits à l'instar du droit à la propriété, dans de courts délais. Pourtant, quand il s'agit, du droit à la vie, un droit dont la fondamentalité n'est plus à défendre, la Cour se plait à ordonner des délais plus longs. Ce qui constitue pour nous un illogisme, une démarche saugrenue. C'est d'ailleurs, ce que pensaient les juges Gérard NIYUNGEKO et Rafaâ BEN ACHOUR dans leur opinion partiellement dissidente jointe à l'ordonnance en indication de mesures provisoires *Dexter Eddie Johnson c. Ghana.* En effet, dans ladite

[1] En l'espèce, il s'agissait d'une demande de mesures provisoires introduite par un condamné à mort.

affaire, ces derniers contestant le délai qui avait été ordonné par la Cour n'avaient manqué de relever d'abord que :

« *Lorsqu'elle (la cour) décide d'ordonner des mesures provisoires, soit dans l'intérêt des parties, soit dans celui de la justice, la Cour doit le faire avec fermeté pour ne pas obvier à la critique quant de l'applicabilité immédiate et urgente de telles mesures. Cette fermeté est d'autant plus recherchée lorsqu'il s'agit de mesures tendant à la protection du droit fondamental de la vie, comme en l'espèce, d'empêcher que le Requérant, condamné à la peine capitale, soit exécuté alors même que la procédure est pendante devant la Cour* »[1]. Pour eux, « *la décision d'accorder au débiteur de la mesure provisoire un délai de soixante (60) jours n'est ni logique ni raisonnable* »[2].

Cela, dans la mesure où, tout ce que la Cour ordonne à l'État défendeur est « *de suspendre provisoirement l'exécution de la peine capitale prononcée à l'encontre du Requérant par la justice nationale, en attendant la décision de la Cour sur sa compétence, sur l'admissibilité de la requête et sur le fond de l'affaire* »[3]. Ainsi, pour ces derniers, la Cour aurait dû ordonner des délais plus courts en tenant compte de la nature des droits à protéger, et surtout quand il s'agit du droit à la vie[4].

C'est l'ensemble de tout ceci qui concourt à la formation des épreuves auxquelles les mesures provisoires de la

---

[1] Opinion partiellement dissidente des juges Gérard NIYUNGEKO et Rafaâ BEN ACHOUR jointe à l'ordonnance en indication de mesures provisoires *Dexter Eddie Johnson c. Ghana* (*requête* n° 016/2017).

[2] *Idem.*

[3] *Idem.*

[4] Lequel droit est protégé par l'article 4 de la Charte Africaine des Droits de l'Homme et des Peuples : « *La personne humaine est inviolable. Tout être humain a droit au respect de sa vie et de l'intégrité physique et morale de sa personne : Nul ne peut être privé arbitrairement de ce droit* ».

CADHP sont confrontées. Mais, ces épreuves sont surmontables.

B. Du caractère surmontable de l'épreuve

56. De la possibilité de pallier les épreuves des mesures provisoires. Dans les réflexions précédentes, nous avons pu faire le point des différents éléments qui concouraient à la mise à l'épreuve des mesures provisoires. Réflexion faite, nous pouvons promptement affirmer que ces épreuves subies par les mesures provisoires de la CADHP ne sont pas insurmontables. Il est possible de trouver des solutions susceptibles de produire de bien meilleurs impacts et donc de rendre aisé le dépassement de l'épreuve. Mais, il faut le dire, l'objectif derrière l'idée de surmonter les épreuves auxquelles sont confrontées les mesures provisoires de la CADHP est mu par la préservation de la légitimité de la Cour **(1)**. De plus, nous saisirons l'occasion pour faire un plaidoyer aux fins de l'incitation des États au respect des mesures provisoires, puisqu'il n'y a que ces derniers qui peuvent lui redonner son autorité **(2)**.

1. La nécessité de préserver la légitimité de la Cour

57. La compréhension de la notion de « légitimité ». Notion simple ? Complexe ? La moindre des choses que l'on peut dire à son sujet est qu'elle est parfois source de confusions dans plusieurs esprits. Ces confusions sont principalement celles existant entre « légalité » et « légitimité »[1]. Or, du point de vue du contentieux juridictionnel, la notion de la légitimité ne devrait et n'a de

---

[1] Jean MORIN, « La légitimité des juges », In RAIBAUT Jacques (dir.), *La légitimité des juges*, Toulouse, Presses de l'Université Toulouse Capitole, 2004, pp. 185-190.

sens qu'au travers de la formule : « Qui t'a fait juge des litiges d'autrui ? ». Toutefois, cette formule reprise par Jean MORIN, tout aussi intéressante, semble ne pas prendre en compte un élément. Cet élément qui se veut plus extérieur qu'un intérieur s'attache au regard que les justiciables ont d'une juridiction quelconque. Au fond, il est question de jauger la confiance voire l'autorité des justiciables vis-à-vis de ladite juridiction. Cette approche qui s'annonce sociologiquement comme interrogative du rapport entre la CADHP et les justiciables est d'une pertinence avérée. La pertinence avérée de cette interrogation amène à situer et à préciser l'impact du refus par les États d'exécuter les mesures provisoires qui sont ordonnées à leur encontre.

58. L'effritement potentiel de la légitimité de la Cour. Au sujet de la question de la légitimité de la CADHP, il est impérieux de noter que le non-respect de ses ordonnances portant mesures provisoires participe de sa remise en cause. En fait, la légitimité de la Cour ne peut être analysée sans intéressement à la question de son autorité. C'est en fait sa légitimité qui justifie son autorité. Ainsi, plus la légitimité se veut objective, plus son autorité a du regain. C'est une asymétrie invariable. À ce titre, la question de la légitimité se veut plus de l'ordre des éléments nécessaires à l'exercice régulier par la Cour de ses compétences. À ce propos, Frédéric LAZAUD ne manque de relever dans des propos simples, pour faire le lien entre la légitimité et l'autorité, que « *c'est en fonction de cette autorité que les arrêts rendus par la Cour seront plus ou moins suivis d'effet* »[1].

Pourtant, par le non-respect des mesures provisoires, les États ne se rendent pas forcément compte de ce que, de façon insidieuse, cela participe de la délégitimation de la Cour. En fait, cette attitude concourt à la présentation de la

[1] Frédéric LAZAUD, *L'exécution par la France des arrêts de la Cour européenne des droits de l'Homme,* Presses universitaires d'Aix-Marseille, Tome I, 2006, p. 32.

Cour comme étant incapable, voire insusceptible de donner satisfaction aux justiciables qui portent devant elle, leurs différends.

2. Un plaidoyer pour l'incitation des États au respect des mesures provisoires de la Cour

59. Les raisons du plaidoyer. Le présent plaidoyer a pour but de permettre à la CADHP de remplir la mission de protection qui lui a été confiée. En effet, le fait pour les États de refuser de se soumettre aux ordonnances de la Cour portant mesures provisoires a de réelles répercussions sur la capacité de cette dernière à trancher efficacement les litiges ; et qui plus est, cela est susceptible d'empêcher, par ricochet, le requérant de constituer son dossier en intégralité et de défendre sa cause devant la Cour dans la procédure au fond. Pourtant, lorsqu'un dossier n'est pas régulièrement constitué, la Cour déclare sans tergiversation le grief insuffisamment motivé et la requête comme non fondée. Or, nous ne sommes pas sans savoir qu'avoir accès au prétoire des juges supranationaux est un droit pour tout individu et par ricochet, une obligation pour les États de mettre en œuvre toutes les mesures et actions nécessaires en vue de sa réalisation. Ce qui ne manque pas de faire paraitre le refus pour les États de satisfaire de telles exigences, comme une violation des droits de l'Homme.

60. La nécessité de réformer pour être efficace. Même s'il est vrai que la non-exécution des décisions de la CADHP repose essentiellement sur un manque de volonté politique de la part des États, il n'en demeure pas moins que les décisions de la Cour ne sont pas elles-mêmes irréprochables. En effet, analyse faite de certains arrêts, il est permis d'observer un caractère bien trop générique dans les mesures ordonnées par la Cour. En fait, les mesures ordonnées par la Cour aux États sont souvent marquées d'un taux d'imprécision qui entrave leur mise en œuvre.

Cela, dans la mesure où, les États sont de manière imprécise situés sur les démarches devant être suivies pour aboutir à la réalisation des actions souhaitées par la Cour. Il serait donc plus intéressant pour la Cour d'aider les États en accompagnant leurs décisions d'une fiche de mise en œuvre. Ce qui aurait pour fin de faciliter la mise en œuvre des ordonnances de la Cour. C'est d'ailleurs ce que résume parfaitement Samson Mwin Sô Mè DABIRE, quand il affirme qu'« *un peu de pédagogie dans [les] décisions de la [Cour] peut aussi aider à leur acceptation par les États* »[1]. Ce qui lui permettra, ainsi, de faciliter la réalisation des compétences qui lui sont dévolues.

À ce stade de la réflexion, nous notons que la technique des mesures provisoires, dans leur élan, d'éviter la non-aggravation du litige fait face à des incertitudes qui peuvent ralentir l'exercice de leurs attributs. Mais, il faut signifier qu'il existe fort heureusement des éléments de certitude qui ne manquent pas de rassurer.

Paragraphe 2 : Les aspects certains de la protection

61. Du dosage de la certitude. Dans les précédents développements, nous sommes parvenus à mettre en exergue le fait que dans la quête de la non-aggravation du litige, entraient en ligne de compte des situations qui n'étaient pas sans incidences sur la capacité pour les mesures provisoires à protéger l'office du juge. Nous avions donc, commencé la réflexion en partant des incertitudes. Cette fois, il sera question d'analyser dans une vue panoramique les aspects de la certitude que l'on peut

[1] Samson Mwin Sô Mè DABIRE, « Les ordonnances de la Cour Africaine des Droits de l'Homme et des Peuples dans les affaires Sébastien Ajavon c. Bénin et Guillaume Soro et autres c. Côte d'Ivoire : souplesse ou aventure ? », *Op. cit.*, p. 487.

envisager quant à la capacité pour les mesures provisoires d'éviter l'aggravation du litige.

Traiter de la certitude, c'est mettre l'accent sur un « *fait, opinion sur lequel on n'a aucun doute, dont on est certain* »[1]. Il ne s'agit donc pas de simples faits, mais de certitudes. Ainsi, porter une réflexion sur les aspects certains dans l'élan de la non-aggravation du litige c'est dire que dans la recherche de la non-aggravation du litige, l'action de la CADHP ne souffre d'aucune marge de doute quant à sa réalisation. La certitude ici caractérisée est à la fois d'ordre procédural **(A)** et d'ordre temporel **(B).**

A. Les aspects procéduraux de la certitude

62. Un aspect fondamentalement animé par un souci d'efficacité. La notion d'efficacité fait partie de ces termes et expressions dont la définition n'est pas un exercice aisé. Déjà, le caractère juridique de la notion d'efficacité fait l'objet de controverse. Cela, parce que la notion d'efficacité n'est pas foncièrement juridique. Mais, loin de nous éterniser sur ces controverses, nous pensons bien-fondé d'utiliser ladite notion, même si sa caractérisation en tant que notion juridique semble ne pas emporter la conviction de tous. À ce titre, nous proposons d'appréhender la notion comme un concept qui permet « *de porter un jugement sur les effets du droit et d'aller au-delà de la simple constatation de répercussions particulières du droit dans le réel* »[2]. On peut donc dire, au sujet de l'efficacité qu'elle « *pose la question de l'adéquation des moyens utilisés aux fins posées* »[3]. Alors, mettant en relation les aspects

---

[1] Dictionnaire Français Larousse, compact, maitriser la langue pour mieux s'exprimer, *Op. cit.,* p. 218.

[2] Christophe MINCKE, « Effets, effectivité, efficience et efficacité du droit : le pôle réaliste de la validité », *Revue interdisciplinaire d'études juridiques*, volume. 40, n° 1, 1998, p. 115.

[3] *Ibidem.*

procéduraux de la certitude avec la question de l'efficacité, nous voulons mettre en exergue l'idée selon laquelle, c'est dans le désir de rendre efficace l'élan assuré par la protection des mesures provisoires relativement à la non-aggravation du litige que les éléments de la certitude trouvent leur ancrage.

Réflexion faite, on peut relever le fait que cette efficacité se justifie par un souci de sauvegarde de l'objet du litige **(1)** et par la recherche de l'opportunité de la décision finale **(2).**

1. Une efficacité justifiée par la sauvegarde de l'objet du litige

63. La sauvegarde de l'objet du litige comme premier facteur de l'efficacité. Comme nous avons pu le relever, la technique des mesures provisoires poursuit la protection de la fonction de juger. Et en tant que telle, elle a pour tâche de veiller également à ce que l'objet du litige soit sauvegardé. Lequel objet, n'est rien d'autre que le droit dont la violation est alléguée par le requérant. Ainsi, dans l'intérêt de la justice, il appartient aux juges de la CADHP de veiller à ce que lorsque la Cour est saisie, que des mesures soient mises en œuvre pour maintenir, voire pour conserver le sens de l'instance. Cela d'autant plus qu'il est difficilement concevable d'envisager la technique des mesures provisoires comme une technique de protection, si cette dernière n'est pas à même de sauvegarder l'objet du litige avant que la Cour ne rende sa décision au fond. C'est dans cette dynamique que Robert KOLB soutient que « *la Cour doit être armée du pouvoir de tenter d'apaiser la situation et de sauvegarder l'utilité de l'instance* »[1]. On infère de là que seule la sauvegarde de l'objet du litige permet à la CADHP de garantir l'efficacité de son mécanisme de protection. C'est d'ailleurs, conformément à

[1] Robert KOLB, *La Cour Internationale de justice, Op. cit.*, p. 636.

la recherche de cette efficacité, que la Cour n'hésite pas à prononcer *proprio motu* des mesures provisoires.

64. Une sauvegarde renforcée par la saisine *proprio motu*. À lire les décisions de la Cour, on peut être tenté, d'affirmer que la sauvegarde de l'objet du litige est une obligation inhérente à la fonction du juge. C'est à ce titre, qu'il est permis de constater que la Cour n'hésite pas à adopter des mesures provisoires dans le but d'éviter la non-aggravation du litige, et ce même quand elle n'a pas été saisie pas le ou les requérants à cette fin. Elle y parvient par la mise en jeu du mécanisme de la saisine d'office. À ce sujet, les ordonnances portant mesures provisoires ayant été rendues à la suite d'une saisine *proprio motu* sont nombreuses. On peut, à titre d'illustration, citer les affaires *Deo Gratius Nicholaus Jeshi c. Tanzanie*[1] et *Amini Juma c. Tanzanie*[2]. Dans ces affaires, la Cour était en face de situations où les requérants n'avaient pas sollicité l'indication de mesures provisoires. Mais, comme le relève Garcia DE ENTERRIA, la saisine *proprio motu* étant « *une simple composante du pouvoir juridictionnel plénier indispensable pour que ce dernier (la Cour) puisse être efficace, utile, c'est-à-dire qu'elle remplisse sa fonction propre* »[3], alors elle apparait comme inextricable à la fonction de la Cour. En d'autres termes, la fonction juridictionnelle de la Cour ne peut être pensée en dehors de ce pouvoir de s'autosaisir. Son autorité s'y affirme.

On infère de là que, la technique des mesures provisoires, dans la recherche de la sauvegarde de l'objet

---

[1] Cour africaine des droits de l'Homme et des peuples, Affaire *Deo Gratius Nicholaus Jeshi c. Tanzanie,* Requête n° 017/2016.

[2] Cour africaine des droits de l'Homme et des peuples, Affaire *Amini Juma c. Tanzanie,* Requête n° 024/2016.

[3] Garcia DE ENTERRIA, « De la légitimité des mesures provisoires prises par la Commission et la Cour Européenne des Droits de l'homme-l 'affaire Cruz Vera », *Revue trimestrielle des droits de l'homme*, 1992, p. 274.

du litige, apparait efficace. Dans la même dynamique, la sauvegarde de l'objet du litige s'en retrouve solidement renforcée à travers la technique de la saisine *proprio motu.* Cette technique, apparait non pas comme issue « *d'un pouvoir incident à la compétence sur les droits de fond des parties* »[1], mais de l'objectif de « *protéger l'intégrité de la fonction judiciaire* »[2].

Toujours dans la même dynamique, il est possible de souligner que l'efficacité des mesures provisoires de la CADHP est mue par la recherche de l'opportunité de la décision finale.

2. Une efficacité mue par la recherche de l'opportunité de la décision finale

65. L'opportunité de la décision finale comme corolaire de l'efficacité. Ici, on part de l'idée qu'il ne peut y avoir efficacité des mesures provisoires qu'à la condition *sine qua non* que les mesures ordonnées par la Cour aient la capacité d'atteindre les raisons de leur édiction. Ainsi, il appartient à la Cour de veiller à ce que sa fonction de juger soit protégée. Il faut le signifier, cela ne peut se faire que par le prononcé de mesures efficientes, c'est-à-dire de mesures capables de faire adopter à ses destinataires, des comportements particuliers. C'est d'ailleurs, ce à quoi pensaient les juges de la Cour Permanente de Justice Internationale lorsque ces derniers soutenaient que, pour une meilleure efficacité des décisions d'indication des mesures provisoires par elle rendues, qu'il incombait aux parties de « *s'abstenir de toute mesure susceptible d'avoir une répercussion préjudiciable à l'exécution de la décision à intervenir et, en général, ne laisser procéder à aucun*

[1] Rudolf BERNHARDT, *Interim Measures indicated by International Courts,* Berlin, Springer-verlag, 1994, p. 14.
[2] *Ibidem.*

acte, de quelque nature que ce soit, susceptible d'aggraver ou d'étendre le défendu »[1]. À ce titre, il est possible, dans la même veine de mettre en avant l'idée selon laquelle, l'opportunité de la décision apparait comme faisant partie du droit à l'exécution d'une décision de justice ; c'est un droit fondamental pour les individus, mais aussi le pilier du règlement pacifique des différends[2]. On comprend, dès lors, qu'il faut donc, un mécanisme efficace dans l'objectif de rendre opportune la décision finale. Et c'est sans doute ce qui est recherché par la CADHP au travers de la technique du relevé d'office.

66. L'efficience, une donnée nécessaire ? On peut, au regard, des idées développées, s'interroger de ce que l'efficience s'attache à la présente réflexion traitant de la question de l'efficacité. Ainsi, il nous appartiendra de réfléchir sur la question de savoir si pour atteindre l'objectif de rendre encore utile la décision finale, il faut des mesures efficientes. À ce sujet, envisageant l'efficience comme un concept qui interroge la rentabilité d'une loi[3] ; nous pouvons dans la foulée soutenir qu'il est important, pour les mesures provisoires de la CADHP, de conjuguer à la fois efficacité et efficience dans la mesure où l'efficience serait un renfort. Cela, d'autant plus que, dans le contentieux international des droits de l'homme en Afrique, les États africains ont la réputation de ne pas se soumettre facilement aux décisions de justice.

Relativement à la conjugaison de ces concepts, cela ne peut passer que par la réalisation d'une véritable méthodologie, voire d'un régime juridique qui tiendrait compte de ces réalités. Mais, la situation déjà offerte par les

---

[1] Cour permanente de justice internationale, Affaire *Compagnie d'électricité de Sofia et Bulgarie*, Belgique c. Bulgarie.

[2] Rudolf BERNHARDT, *Op. cit.*, p. 15.

[3] Christophe MINCKE, « Effets, effectivité, efficience et efficacité du droit : le pôle réaliste de la validité », *Art. cit.*, p. 115.

certitudes procédurales que l'on sait indéniables dans la recherche de la non-aggravation du litige rassure l'efficacité du mécanisme de protection. *Quid* des aspects temporels de la certitude ?

B. Les aspects temporels de la certitude

67. Un aspect foncièrement animé par l'accélération du temps de la procédure. La question de l'aspect temporel de la certitude met en avant le souci de l'accélération de la procédure devant la Cour. En effet, on peut même le dire, l'avènement des mesures provisoires dans le contentieux international est le résultat d'une volonté de faire face aux soucis de la lenteur des procédures devant les juridictions internationales. On peut donc, dire loisiblement qu'elles obéissent à un souci de rapidité et d'accélération de la justice[1]. On a même pu dire, au sujet des mesures provisoires, qu'elles avaient un rapport « *avec la gestion du temps de la procédure* »[2] et non de la procédure. En effet, nous voulons mettre là, l'accent sur la nécessité de ne pas considérer les mesures provisoires comme une technique judiciaire d'accélération de la procédure ; dans la mesure où, ces dernières ne permettent qu'une simple maitrise du temps de la procédure. En vrai, elles ont pour finalité de permettre au juge de maitriser le temps ; et ce, dans la dynamique d'éviter que la décision ne soit que formelle.

C'est en tout cas, là, toute l'essence des raisons de l'usage excessif des mesures provisoires à la fois par les juges, mais aussi par les requérants qui se laissent attirer par une « *procédure, en effet, simple et (relativement) rapide* »[3]. La certitude ainsi affirmée des mesures

---

[1] Georges WIEDERKEHR, « L'accélération des procédures et les mesures provisoires », *Art. cit.*, p. 452.
[2] *Ibidem.*
[3] *Ibidem.*

provisoires de la CADHP est justifiée par une certaine célérité non seulement dans le traitement des demandes en indication de mesures provisoires **(1),** mais aussi par la brièveté des délais d'exécution ordonnés par la Cour aux États défendeurs **(2)**.

1. Une célérité relativement prompte dans l'examen des demandes de mesures provisoires

68. Une célérité favorisée par la simplicité de la procédure. De prime à bord, on note, à la suite d'une lecture approfondie des décisions de la Cour que, relativement à la question de la procédure d'indication des mesures provisoires, cette dernière bénéficie d'un avantage important. Il s'agit de la simplicité de la procédure. En fait, analysant les requêtes en indication de mesures provisoires déposées devant la CADHP, nous posons le constat de ce qu'elles sont des requêtes ayant un délai de traitement intéressant[1]. Cette promptitude dans le traitement, est due au fait que relativement à de telles demandes, il est donné de remarquer une certaine facilité dans la procédure. En effet, il est dans la foulée possible d'observer que la Cour elle-même ne tarde pas à abandonner certaines exigences procédurales.

À ce sujet, il est loisible de lire dans la décision rendue par les juges dans l'affaire *Guillaume Soro et Autres c. Côte d'Ivoire*[2], les juges de la CADHP avaient soutenu qu'il n'était pas nécessaire pour le requérant d'épuiser toutes les voies de recours internes. Ce qui est pourtant une condition de procédure nécessaire dans le contentieux devant la

---

[1] Statistiques du taux d'exécution des décisions de la Cour Africaine des Droits de l'Homme et des Peuples. Tiré sur le site :https://www.african-court.org/cpmt/fr/statistic. Consulté le 21/05/2022.

[2] Cour africaine des droits de l'Homme et des peuples, Affaire *Guillaume Soro et Autres c. Côte d'Ivoire,* Requête n° 012/2020.

CADHP. Mais, la Cour avait estimé qu'une telle condition n'était pas nécessaire pour les circonstances de l'espèce. On comprend dès lors, comment la facilitation de la procédure de demande des mesures provisoires aide à assurer le traitement rapide des demandes en indication de mesures provisoires.

69. Une célérité justifiée. Traiter de la justification de la célérité dans l'examen des demandes de mesures provisoires, c'est mettre en perspective l'idée que cette promptitude apparait justifiée et logique. Justifiée et logique dans la mesure où, elle correspond parfaitement à la logique des mesures provisoires. En effet, tenant compte, de ce que les décisions rendues en matière de mesures provisoires ont une nature provisoire, il s'avère tout naturellement que par leur caractère non définitif, elles bénéficient d'une certaine souplesse dans la procédure. Cela, dans la perspective de permettre déjà aux juges de traiter rapidement les demandes, mais aussi, de pallier le temps que peut prendre le prononcé d'une décision au fond.

Au terme de la présente réflexion, nous retenons avec aisance qu'il existe une certaine célérité dans le traitement des mesures provisoires. Cette célérité se retrouve aidée par la brièveté des délais ordonnés par la Cour pour l'exécution de ses ordonnances.

2. Une brièveté du délai d'exécution des mesures ordonnées

70. Du constat de l'échelle des délais ordonnés. Analysant, les décisions de la CADHP, il est possible, de tenter une systématisation des délais qu'elle ordonne aux États pour assurer l'exécution des décisions qu'elle rend. En effet, le constat permet de mentionner que le délai d'exécution des décisions de la Cour oscille entre quinze

(15)[1], trente (30)[2] et soixante (60)[3] jours. Cette diversité qui caractérise la variabilité des délais pouvant être ordonnés par la Cour témoigne de ce que les juges n'ont en la matière aucune contrainte, puisqu'il n'existe pas un régime juridique propre aux mesures provisoires de la CADHP. On infère donc que le juge en ce domaine dispose d'un large pouvoir. Lequel pouvoir est la conséquence de ce que l'article 51 du Règlement intérieur de la CADHP en ses paragraphes 1 et 5 ne détermine pas plus qu'il ne prévoit un délai fixe. Ledit article ne se borne qu'à disposer que la Cour peut « *inviter les parties à lui fournir des informations sur toute question relative à la mise en œuvre des mesures provisoires adoptées par elle* ». C'est principalement, l'absence d'une réglementation spécifique qui donne à constater que la Cour n'a pas une méthodologie fixe au sujet des délais.

71. Du caractère globalement satisfaisant des délais. Dans la même dynamique, on se dit que le fait pour la Cour de ne pas disposer d'une méthodologie constante au sujet des délais peut sembler difficile à comprendre. Car, il aurait été plus facile pour la Cour de s'attacher à une démarche unique relativement à la question des délais. Mais, le constat de cette absence de systématisation de délais en fonction de la thématique des droits que la Cour est amenée à protéger n'est pas aussi alarmant. Cela, dans la mesure où, même en dehors de procéder à cette systématisation, les délais de la Cour sont raisonnables. Car, comme l'affirme le juge Rafaâ BEN ACHOUR, « *de façon générale, on peut*

---

[1] Cour africaine des droits de l'Homme et des peuples, Affaire *Commission africaine des droits de l'homme c. Grande Jamahirya arabe libyenne,* Requête N° 004/2011.

[2] Cour africaine des droits de l'Homme et des peuples, Affaire *Commission africaine des droits de l'homme et des peuples c. Kenya,* Requête N° 006/2012.

[3] Cour africaine des droits de l'Homme et des peuples, Affaire *Armand Guéhi c. Tanzanie,* Requête N° 001/2015.

dire qu'en accordant un tel délai à l'État défendeur, la Cour poursuit principalement l'objectif suivant : donner du temps à l'État défendeur pour lui permettre de mettre en pratique les mesures appropriées »[1]. Il est donc admissible que les délais prononcés par la Cour soient fortement imprégnés des circonstances pendantes au moment où les décisions sont prononcées.

La recherche de la sauvegarde de l'intégrité judiciaire comme finalité première, voire comme la finalité traditionnelle de la technique des mesures provisoires, est l'un des piliers de sa consécration. C'est à juste titre que la technique des mesures provisoires est encadrée par des mécanismes, à l'instar de ceux de la compétence *prima facie* qui sont destinés à faciliter son exercice effectif. Une compétence dont la finalité est de facilité la procédure d'examen des demandes en indication de mesures provisoires, ce qui permet ainsi à la Cour de parvenir à s'assurer de la non-aggravation du litige pendant le temps où la procédure est encore pendante. Mais, il faut le dire, même les facilités permises par la compétence *prima facie* ne suffisent pas, en raison du fait que dans la perspective de la non-aggravation du litige, il peut exister une variation importante de timbre. Au point où, dans la réalisation de la non-aggravation du litige, on ne peut être totalement sûr d'atteindre un objectif particulier, puisque tout oscille entre certitude et incertitude.

Tout ceci justifie le fait que les juges aient eux-mêmes modelé la technique des mesures provisoires, en la dotant d'un régime juridique consistant.

---

[1] Opinion partiellement dissidente des juges Gérard NIYUNGEKO et Rafaa BEN ACHOUR jointe à l'ordonnance en indication de mesures provisoires *Dexter Eddie Johnson c. Ghana,* Requête n° 016/2017.

CHAPITRE II : UNE TECHNIQUE DE PROTECTION VIVIFIÉE PAR LA COUR

72. La compréhension de la notion de vivification. Traiter, de la vivification de la technique des mesures provisoires par la Cour Africaine des Droits de l'Homme et des Peuples, c'est mettre en avant l'idée selon laquelle, ladite technique a été modelée par la Cour. Selon le dictionnaire Le Robert[1] la vivification ramène à « *l'action de vivifier* »[2]. Autrement dit, elle consiste en une stimulation dont la fin est de favoriser une dynamisation, une tonification. Ainsi, le constat qu'il est admissible de poser avec la question des mesures provisoires de la CADHP est que même si elles ne sont pas d'origine prétorienne, elles ont tout de même subi les effets d'une audace de la part des juges. En fait, c'est par l'audace des juges que la technique des mesures provisoires a connu un bien meilleur essor. Cela, en raison du fait que, les instruments de la Cour qui servent de fondement aux mesures provisoires se sont justes contentés que de les consacrer sans toutefois y apporter de précision.

L'article 59 du règlement intérieur de la Cour se contente de disposer que « *conformément à l'article 27, alinéa 2 du Protocole, à la demande d'une partie ou d'office, dans les cas d'extrême gravité ou d'urgence et lorsqu'il s'avère nécessaire d'éviter des dommages irréparables à des personnes, la Cour peut ordonner les mesures provisoires qu'elle juge pertinentes, en attendant de statuer sur la requête principale* ». Ce qui fait qu'on n'est pas véritablement situé quant au contenu des mesures provisoires de la CADHP quand l'on s'en tient à la seule

[1] La notion n'étant pas juridique, alors nous avons préféré utiliser un dictionnaire ordinaire.
[2] Dictionnaire le Robert illustré, *Op. cit.*, p. 1934.

lecture des instruments de la Cour. On comprend dès lors, pourquoi les juges de la CADHP ont procédé à la vivification de la procédure des mesures provisoires. Se faisant, la vivification de la procédure des mesures provisoires de la CADHP devrait être entendue comme l'action par laquelle les juges de la CADHP ont réussi à ficeler une réelle technique de protection. En effet, dans la dynamique de la protection, la technique des mesures provisoires semble être plus profitable aux juges de la CADHP. C'est peut-être, ce qui témoigne de l'audace qu'ils ont eue, en procédant à l'aménagement du régime juridique de la procédure des mesures provisoires. Car, comme nous l'avons relevé un peu plus haut, c'est en raison des avantages techniques qu'offre la technique des mesures provisoires à l'office du juge que ces derniers se sont empressés de favoriser cet enrichissement.

Ce qui nous amène à nous interroger sur la manière dont la vivification de la technique des mesures provisoires de la CADHP s'est effectuée. À ce titre, l'on constate que la vivification ou du moins, le tonus apporté par les juges aux mesures provisoires s'est fait en deux temps. Premièrement, les juges de la CADHP ont procédé à l'aménagement du régime juridique des mesures provisoires **(SECTION I)** dans la perspective de pallier le caractère très lacunaire des instruments de la Cour. C'est d'ailleurs, par l'effet de cet aménagement qu'il est donné de relever une certaine précision des conditions de prononcé des mesures provisoires par l'activité prétorienne des juges **(SECTION II).**

SECTION I : L'AMÉNAGEMENT DU RÉGIME JURIDIQUE DES MESURES PROVISOIRES

73. La compréhension de l'aménagement. Il convient pour la bonne compréhension des idées qui seront successivement développées dans la présente section de préciser la notion d'aménagement et surtout de la manière dont nous entendons nous en approprier. Ainsi, on propose d'appréhender la notion d'aménagement comme une « *disposition méthodique en vue d'un usage déterminé* »[1]. Pour faire simple, la notion d'aménagement renvoie à une action tendant à l'implémentation, voire à la confection d'un objet particulier afin de lui donner une allure souhaitée. Ainsi, traitant de la question de l'aménagement du régime juridique[2] des mesures provisoires, nous entendons mettre en avant l'idée selon laquelle, les règles qui encadrent la procédure des mesures provisoires devant la CADHP ont été aménagées par les juges dans un but spécifique. Celui d'assurer la protection de l'intégrité de leur fonction judiciaire. Mais, il faut le dire, la recherche de cette protection est l'élément déclencheur de l'aménagement.

74. Les modalités de l'aménagement. La notion de modalité, renvoyant à « *la manière dont se fait quelque chose* »[3], alors aborder les modalités de l'aménagement du régime juridique des mesures provisoires de la CADHP, c'est mener une réflexion sur la manière dont les juges de la CADHP ont réussi à doter les mesures provisoires d'un régime juridique.

---

[1] Gérard CORNU, *Vocabulaire juridique*, *Op. cit.*, p. 163.

[2] On entend ici par régime juridique, « *un système de règles, considéré comme un tout, soit en tant qu'il regroupe l'ensemble des règles relatives à une matière* ». Voir Gérard CORNU, *Op. cit.*, p. 1855.

[3] Dictionnaire Français Larousse, compact, maitriser la langue pour mieux s'exprimer, p. 898.

Il est d'abord utile, de s'accorder sur le fait que l'aménagement du régime juridique des mesures provisoires par les juges de la CADHP repose sur le constat d'une équivocité dans le régime juridique consacré par les textes de la CADHP **(Paragraphe 1).** C'est ce qui explique de façon plausible que la méthodologie applicable à la procédure des mesures provisoires de la CADHP soit d'inspiration prétorienne **(Paragraphe 2).**

Paragraphe 1 : L'équivocité du régime juridique applicable

75. La caractérisation de l'équivocité. Lecture faite du vivier normatif de la CADHP au sujet des règles censées régir la procédure relative aux mesures provisoires devant la CADHP, on fait très vite le constat d'une certaine équivocité. Équivocité dans la mesure où l'on n'est pas autant situé sur la question par les instruments de la Cour. Pour s'en convaincre, il suffit de s'attarder à la lecture littérale des instruments de la Cour consacrant les mesures provisoires. Le faisant, on est admis à constater leur caractère très laconique. À ce sujet, l'article 27 du Protocole sur la Cour ne s'attarde qu'à disposer en ces termes que « *dans les cas d'extrême gravité ou d'urgence et lorsqu'il s'avère nécessaire d'éviter des dommages irréparables à des personnes, la Cour ordonne les mesures provisoires qu'elle juge pertinentes* »[1]. Dans la même foulée, toujours dans la dynamique de la consécration des mesures provisoires, la règle 59 du règlement intérieur de la cour, sans apporter d'éléments nouveaux stipule que :

« *1. Conformément à l'article 27, alinéa 2 du Protocole, à la demande d'une partie ou d'office, dans les cas*

---

[1] Article 27 du Protocole sur la Cour Africaine des Droits de l'Homme et des Peuples

d'extrême gravité ou d'urgence et lorsqu'il s'avère nécessaire d'éviter des dommages irréparables à des personnes, la Cour peut ordonner les mesures provisoires qu'elle juge pertinentes, en attendant de statuer sur la requête principale. 2. En cas d'extrême urgence, le Président, par tous moyens appropriés, recueille les avis des Juges. 3. Les parties à l'affaire, la Commission, la Conférence, le Conseil exécutif, et la Commission de l'UA sont dument informés par la Cour des mesures provisoires prises. 4. Dans le rapport qu'elle soumet annuellement à la Conférence en vertu de l'article 31 du Protocole, la Cour fait état des mesures provisoires qu'elle a ordonnées durant la période de référence. En cas de non-respect de ces mesures par l'État concerné, la Cour formule les recommandations qu'elle estime appropriées. 5. La Cour peut inviter les parties à lui fournir des informations sur toute question relative à la mise en œuvre des mesures provisoires adoptées par elle »[1]. C'est là tout le régime juridique applicable aux mesures provisoires que l'on peut tirer des instruments de la Cour, et qui atteste de l'équivocité ici présentée comme sujet d'inquiétude. Cela d'autant plus qu'au regard de l'importance d'une telle technique, il aurait fallu de la part des constituants une bien meilleure consécration.

C'est la conjugaison de l'imprécision des instruments de la Cour et de leur caractère prou laconique qui amène à poser le constat de l'absence d'un régime juridique propre aux mesures provisoires **(A).** Ce qui n'est pas sans conséquence sur le prétoire du juge **(B).**

---

[1] Règle 59 du règlement intérieur de la cour précité.

A. L'absence d'un régime juridique propre aux mesures provisoires dans les textes

76. Une insuffisance des instruments de la Cour. Même s'il est indéniable que les mesures provisoires de la CADHP trouvent leur ancrage dans un texte, il n'en demeure pas moins que les textes qui les consacrent sont peu explicites sur leur contenu. De sorte, qu'on ne peut véritablement, à partir des textes, tenter une assimilation, voire, une meilleure compréhension des mesures provisoires. Car, la tentative serait vide de sens ; puisque les textes renseignent peu sur la question. Ce qui sous-entend que nous n'écartons pas totalement l'effort de consécration des mesures provisoires. Cela, en ce sens que, même si les textes n'aident pas les juges dans l'examen des demandes en indication de mesures provisoires, ces derniers essaient tout de même de les consacrer, de les doter d'un support normatif. Cet effort de consécration apparait ainsi donc comme un balbutiement **(1).** Lequel balbutiement a provoqué une réaction de la part des juges **(2).**

1. Le balbutiement des instruments de la Cour

77. De la faiblesse des instruments servant de supports aux mesures provisoires… S'interrogeant sur les raisons du balbutiement des instruments de la CADHP au sujet des mesures provisoires, il nous a été donné de constater loisiblement qu'une telle technique n'était pas consacrée par la Charte Africaine des Droits de l'Homme. Ce qui nous amenait à nous dire que cette absence de la technique des mesures provisoires dans la Charte est un handicap sérieux pour sa mise en œuvre. Nous pensons qu'il aurait été judicieux que la technique des mesures provisoires soit consacrée par la Charte. Cela aurait eu pour conséquence de favoriser sa mise en œuvre. C'est d'ailleurs, ce que Sandrine WATHÉE essayait de développer au sujet de la CEDH. En fait, tout comme dans le cadre africain de protection des droits de l'homme, au niveau européen[1], le constat est le même : les mesures provisoires n'ont pas de fondement conventionnel important. Devant la CADHP, elles sont respectivement consacrées par le Protocole de la Cour et son règlement intérieur. Or, ces différents instruments de la Cour n'ont pas tant la même portée juridique que la Charte. Cela d'autant plus que, relativement à ces instruments, les États ne sont pas astreints à y adhérer et peuvent à tout moment se retirer. En effet, la Cour soutient elle-même que « *le défendeur est en droit de retirer la déclaration qu'il avait faite (...) et que ce retrait est valable au regard du protocole* »[2]. Ce qui sous-tend l'idée que les États, vis-à-vis du protocole de la Cour n'ont pas de véritables contraintes. Ce qui n'est pas le cas pour la Charte où, contrairement au mouvement des États à la dénonciation du protocole, l'on sent une volonté réelle des États pour sa promotion.

78. À la nécessité de donner un appui conventionnel solide aux mesures provisoires. Ainsi, dans la même veine que Sandrine WATHÉE au sujet de la CEDH, nous pensons que la technique des mesures provisoires de la CADHP devrait avoir un ancrage bien plus solide afin de la rendre encore plus efficace. Pour nous, la question de la norme qui sert de support influence indirectement l'attitude des États. En effet, la question du respect par les États des ordonnances portant mesures provisoires n'aurait eu autant d'argumentation et de contestation si tout avait été consigné dans la Charte. C'est là, ce que nous posons comme analyse à ce sujet. Notre analyse se retrouve d'autant plus renforcée,

---

[1] Sandrine WATTHÉE, *Les mesures provisoires devant la Cour européenne des droits de l'Homme ...Op. cit.*, p. 39.

[2] Affaire *Ingabire Victoire Umuhoza c. République du Rwanda.*

quand l'on prend en considération le fait que, c'est à la Charte Africaine des Droits de l'Homme et des Peuples qu'est reconnue le mérite de «*jeter les bases de la protection des droits de l'homme* »[1].

On comprend, dès lors, le balbutiement des instruments de la Cour Africaine des Droits de l'Homme et des Peuples. C'est ce balbutiement qui certainement explique l'attitude des juges de la CADHP.

2. L'attitude des juges face à ce mutisme

79. Une attitude audacieuse ? Une attitude audacieuse dans la mesure où, la technique des mesures provisoires telles que connue et étudiée est l'œuvre d'une audace de la part des juges de la CADHP. En effet, à lire les différentes règles qui forment la substance de la procédure des mesures provisoires devant la Cour, il est permis de constater que ces règles ont été foncièrement ficelées par l'activité prétorienne des juges de la CADHP. Alors, l'audace ici envisagée vient de ce que la Cour a su dompter ses lacunes et actionner le levier pour une meilleure mise en œuvre des mesures provisoires. À ce titre, on remarque que, cela part du fait que les textes ne se sont pas contentés de consacrer la technique des mesures provisoires sans toutefois, aider les juges en ce qui concerne les conditions de recevabilité ni même de compétence. Ce sont donc, les juges qui de manière progressive et surtout au travers d'un dialoguc avec les autres juges communautaires[2] ont réussi à doter la technique des mesures provisoires de règles à la fois formelles et matérielles.

---

[1] Rafaâ BEN ACHOUR, « Les protocoles normatifs à la Charte africaine des droits de l'homme et des peuples » ; In *Annuaire africain des droits de l'homme*, 2020, p. 3.

[2] Patrick BADUGUE, « La Cour Africaine des Droits de l'homme et des peuples dans le Forum permanent des Cours régionales des droits de l'homme », In *Annuaire africain des droits de l'homme, 2020,* p. 51.

80. La mise au point progressive d'un régime juridique. Le régime juridique de la technique des mesures provisoires devant la CADHP est le résultat d'une audace démesurée de la part des juges. En effet, c'est du fait de cette audace, que les juges sont parvenus à établir des règles de compétence en créant une sorte de compétence baptisée « *Prima facie* »[1], afin de s'assurer qu'elle a compétence pour connaitre d'une demande en indication de mesures provisoires à elle adressée par un individu. Alors que, les instruments de la Cour ne lui donnaient aucunement compétence expresse pour une telle action[2]. De plus, ce sont aux juges que l'on doit également la précision des conditions matérielles d'indication des mesures provisoires dans la mesure où ce sont à ces derniers qu'est revenue la tâche de préciser les expressions « *urgence* »[3] et « *préjudice irréparable* »[4]. C'est également à la Cour que revient le mérite d'avoir inclus la question de la recevabilité *prima facie*[5], comme une condition formelle dans la procédure d'examen des demandes en indications des mesures provisoires.

81. De la continuité de l'audace : la recherche de la perfection ? À analyser la dynamique du raisonnement des juges de la CADHP, qui les fait paraitre comme *« l'azur des cieux »*[6], on peut être admis à affirmer que l'on n'est pas

---

[1] Cour africaine des droits de l'Homme et des peuples, Affaire *Ghati Mwita c. Tanzanie*, Requête n° 012/2019.

[2] Les instruments de la CADHP ne se contentent que de consacrer les mesures provisoires sans toutefois appeler à une éventuelle intervention des juges pour fixer pratiquement les règles procédurales y afférentes.

[3] Article 27 du Protocole sur la Cour Africaine des Droits de l'Homme et des Peuples.

[4] *Idem.*

[5] Cour africaine des droits de l'Homme et des peuples, Affaire *Guillaume SORO et Autres c. Côte d'Ivoire,* Requête n° 012/2020.

[6] Expression empruntée à Abdou-Khadre DIOP, « La Cour africaine des droits de l'homme et des peuples ou le miroir stendhalien du système

loin d'assister à de nouvelles consécrations prétoriennes de règles en rapport avec les mesures provisoires. Cela d'autant plus que, l'allure et le dynamisme qui marque les décisions de la CADHP tendent à nous astreindre à reconnaitre que les juges de la CADHP essaient tant bien que mal de faire preuve d'innovation, de perfection et donc de génie.

C'est la conjugaison de tous ces éléments qui a abouti à la reconnaissance implicite aux juges de la CADHP, un large pouvoir en matière de mesures provisoires.

B. La reconnaissance implicite d'un large pouvoir aux juges : des législateurs ?

82. La caractérisation du pouvoir reconnu aux juges de la CADHP. Le fait que les juges de la CADHP aient de manière implicite reçu des pouvoirs implicites, provient de ce que les textes, étant donné leur caractère lacunaire et grandement laconique ont contraint les juges, qui, dans la perspective de remplir leur fonction, n'ont eu d'autres choix que de faire preuve d'innovation ; s'appropriant ainsi des pouvoirs qui ne leur ont pas été donnés expressément par les instruments de la Cour. Il s'agit ainsi donc, d'un pouvoir implicite, d'un pouvoir arraché, non pas par le biais d'une défiance ou par preuve d'autoritarisme, mais dans le souci de remplir une fonction, la fonction qui est la leur. Dans le même élan, on est à même de se dire que contextualisée à la technique des mesures provisoires, cette appropriation par les juges de certains pouvoirs était plus que nécessaire. Plus que nécessaire, dans la mesure où, cela permet aux juges de se défaire de l'application littérale des textes et de s'adonner sous réserve de légalité à certaines interprétations et réflexions.

---

africain de protection des droits de l'homme », *Les Cahiers de droit*, 2014, p. 535.

Ce qui nous amène, à nous interroger sur la largeur des pouvoirs implicites des juges en matière de mesures provisoires **(1)**, sans toutefois oublier de mettre en exergue que les juges de la CADHP restent tout de même enclins au respect de certaines règles **(2)**.

1. Les manifestations de la largeur

83. L'appréhension de la largeur. La notion de largeur, caractère de ce qui est large et donc de ce qui « *est exécuté d'une manière ample, à grands traits* »[1], doit être comprise dans la présente réflexion comme caractérisant le contenu des pouvoirs des juges de la CADHP. Le disant, on constate qu'il est permis de se dire que les juges bénéficient de pouvoirs qui semblent ne pas avoir de limites et qui de manière générale touchent à tout. Cela pourrait s'expliquer certainement par le fait que, comme le relève Abdou-Khadre DIOP, les compétences des juges de la CADHP « *n'ont pas été clairement définies par le Protocole* »[2]. C'est d'ailleurs ce manque de clarté qui « *confère à la Cour les compétences les plus larges de toutes les juridictions internationales de protection des droits de l'homme* »[3].

84. Les traits de la largeur des pouvoirs des juges de la CADHP. S'agissant des traits de la largeur des pouvoirs des juges de la CADHP, on peut faire le constat de ce qu'ils se répartissent en deux temps. Il s'agit, dans un premier temps d'une largeur marquant les pouvoirs d'appréciation et dans un deuxième temps d'un pouvoir d'interprétation. Cependant devant la CADHP, cette largeur ne manque de créer un sentiment de confusion. Ce sentiment provient de

---

[1] *Dictionnaire Français Larousse, compact, maitriser la langue pour mieux s'exprimer*, p. 793.

[2] Abdou-Khadre DIOP, « La Cour africaine des droits des droits de l'homme et des peuples ou le miroir stendhalien du système africain des droits de l'homme et des peuples », *Art. cit.*, p. 534.

[3] *Ibidem.*

ce que l'on ne sait véritablement pas si l'on devrait se réjouir de ce caractère trop large des pouvoirs du juge ou si l'on devrait voir en cela des raisons de craindre un abus de pouvoir de la part des juges.

85. Le constat d'un abus. L'abus que nous essayons de relever dans le cadre de la présente réflexion repose sur une attitude quasi présente dans les décisions de la Cour. En fait, il est possible de dire que la Cour a tendance à abuser de l'absence de cadre normatif propre aux mesures provisoires. Cet abus repose sur le constat récurrent d'un défaut de motivation par les juges des décisions qu'ils rendent en matière de mesures provisoires. En effet, on a souvent l'impression que la Cour se plait à cet exercice, puisque n'ayant pas tendance à éclairer suffisamment les parties sur le bienfondé de non seulement son raisonnement, mais aussi, bien de la décision qu'elle rend. C'est peut-être là aussi l'une des causes plausibles de la contestation par les États des décisions que rend la Cour en la matière. Ce défaut de motivation est d'autant plus pernicieux quand l'on constate de manière flagrante qu'elle concerne la constatation matérielle des éléments nécessaires au prononcé des mesures provisoires. En effet, pour s'en convaincre, on peut s'en tenir aux propos de Samson Mwin Sô Mè DABIRE qui faisant le même reproche à la Cour, s'agissant d'une décision qu'elle avait rendue, en soutenant que même si l'appréciation des éléments factuels repose sur une faculté de la Cour, cela ne « *dédouane cependant pas la Cour de ne s'être pas donné la peine d'indiquer les nuances* »[1] au sujet d'une distinction qu'elle avait proposée. Ceci nous ramène donc au constat d'un certain laxisme dans la motivation des décisions de la

[1] Samson Mwin Sô Mè DABIRE, « Les ordonnances de la Cour Africaine des Droits de l'Homme et des Peuples dans les affaires Sébastien Ajavon c. Bénin et Guillaume Soro et autres c. Côte d'Ivoire : souplesse ou aventure ? », *Art. cit.*, p. 490.

Cour. Pourtant, il aurait été intéressant pour la Cour de saisir cette occasion pour une fois de plus, affirmer son génie et ainsi donc, sa capacité à assurer et rassurer dans l'exercice de sa mission qui est de protéger les droits de l'Homme en Afrique.

Mais, il faut le dire, même si les juges jouissent d'un large pouvoir, ceux-ci sont quand même astreints à respecter des règles de procédure. Autrement dit, leurs pouvoirs aussi larges soient-ils s'exercent dans un cadre réglementé.

2. Les limites aux pouvoirs des juges de la CADHP

86. Les limites procédurales. Relativement aux limites procédurales, nous entendons mettre ici en avant l'idée que même s'il est vrai que les juges de la CADHP jouissent d'un trop large pouvoir, que ces derniers restent tout de même limités dans leur action. Limités dans la mesure où, ils sont astreints au respect de quelques formalités qui ont un caractère impérieux. S'agissant, de l'aspect procédural de ces limites, on peut valablement mettre à nu, le fait qu'elles consistent en l'examen obligatoire de la compétence de la Cour. Ces limites ne souffrent d'aucune dérogation. Elles sont prévues par la règle 49 du Règlement intérieur de la Cour qui dispose que « *1. La Cour procède à un examen préliminaire de sa compétence et de la recevabilité d'une requête conformément à la Charte, au Protocole et au présent Règlement. 2. En vertu de l'alinéa 1er de la présente règle, la Cour peut demander aux parties de lui soumettre tous les renseignements relatifs aux faits, tous les documents ou tout autre élément qu'elle estime pertinents* »[1]. On infère de là que la Cour, quel que soit le dosage des pouvoirs qu'elle détient, ne peut s'abstenir d'examiner sa compétence avant d'examiner la requête en

---

[1] Cf. Règle 49.

indication de mesures provisoires. Ce qui en fait donc, une limite procédurale que la Cour ne peut surpasser, si ce n'est que de la satisfaire.

87. Les limites matérielles. Relativement, aux limites matérielles auxquelles les juges de la CADHP sont obligées de se plier, nous entendons mettre en perspective ici la compétence matérielle de la Cour. En effet, en dehors des règles procédurales *sine quibus non* il existe des règles matérielles qui limitent le champ d'action des juges. En fait, il est loisible de lire dans les instruments de la Cour des dispositions encadrant les matières pour lesquelles la Cour est compétente. À ce titre, il est possible de lire dans la règle 29 du Règlement intérieur de la Cour qu'elle est compétente :

« *Pour connaître de toutes les affaires et de tous les différends dont elle est saisie concernant l'interprétation et l'application de la Charte, du Protocole et de tout autre instrument pertinent relatif aux droits de l'homme et ratifié par les États concernés ; b) pour donner un avis consultatif sur toute question juridique concernant la Charte ou tout autre instrument pertinent relatif aux droits de l'homme* ».

Ainsi, en dehors du champ matériel ici dressé, la Cour ne peut exercer une quelconque compétence. Cela, d'autant plus que, cette restriction est renforcée en raison de sa consécration par le Protocole de la Cour en son article 7 qui stipule que « *la Cour applique les dispositions de la Charte ainsi que tout autre instrument pertinent relatif aux droits de l'homme et ratifié par l'État concerné* »[1]. On en déduit que les pouvoirs dont jouissent les juges de la CADHP ne sont pas d'une largeur absolue, car limitées en certains points.

Ce qui achève de nous faire comprendre la signification de la limitation des pouvoirs des juges qui était l'objet de

---

[1] Cf. Article 7 du Protocole sur la Cour Africaine des Droits de l'Homme et des Peuples.

cette section précise de notre réflexion. Mais, on est forcé d'admettre que même si les pouvoirs des juges de la CADHP sont limités, il est loisible de dire que ces derniers ont tout de même réussi à doter la technique des mesures provisoires, d'une véritable méthodologie.

Paragraphe 2 : L'instauration prétorienne progressive d'une méthodologie

88. La notion de méthodologie. Dans la continuité de la démarche scientifique adoptée depuis les premières lignes de notre travail et qui consiste en la précision terminologique des notions devant être nécessairement comprises pour faciliter la compréhension de l'étude, il est important que la notion de méthodologie ici employée soit explicitée. Ainsi, on peut définir la notion de méthodologie comme la *« Manière de mener, selon une démarche raisonnée, une action, une activité technique »*[1]. Pour ce faire, traitant de la méthodologie, nous entendons mettre l'accent sur le caractère technique de l'œuvre des juges quant à l'aménagement du régime juridique des mesures provisoires. Il s'agira donc, dans cette partie, de mettre à nu, la manière dont les juges de la CADHP sont parvenus, en dépit du caractère très laconique voir ambigüe des textes régissant la Cour, à une bien meilleure précision des différentes règles tant formelles que matérielles qui régissent la technique des mesures provisoires.

Le constat que l'on peut avec aisance établir est que la méthodologie insaturée par la CADHP se situe à bien des égards. En effet, elle oscille avec dextérité entre approches conceptuelle, pour insister sur les questions de concepts **(A)** et approche cognitive pour mettre, l'accent sur le

---

[1] Dictionnaire Français Larousse, compact, maitriser la langue pour mieux s'exprimer, p. 883.

raisonnement et les techniques d'appréciation tant matérielles que factuelles utilisées par la Cour **(B).**

A. Le caractère conceptuel de la méthodologie

89. L'appréhension de la méthodologie conceptuelle. Déjà, aborder l'idée d'une méthodologie mise en place par les juges de la CADHP se présente comme techniquement compliqué, et en la matière rajouter l'idée d'une méthodologie conceptuelle aide à la complexification de la réflexion. Pourtant, l'idée que nous voulons mettre à nu n'est pas tant à craindre. Ce, d'autant plus que nous proposons de saisir la notion de concept comme une notion, une idée. Ainsi donc, on se doit d'appréhender la méthodologie conceptuelle comme l'activité par laquelle, les juges de la CADHP procèdent à la définition des notions et concepts clés en lien avec les mesures provisoires. À ce titre, l'on peut être tenté d'admettre que cette approche conceptuelle est revêtue de deux pendants. Il s'agit, d'une part, de la définition de la notion d'urgence et de préjudice irréparable **(1)**. C'est de la lecture, de cette définition proposée qu'on arrive à établir un lien de consubstantialité entre urgence et préjudice irréparable **(2).**

1. La définition de la notion d'urgence et de préjudice irréparable

90. Des fondements textuels de la notion d'urgence et de préjudice irréparable. À lire le Protocole sur la Cour Africaine des Droits de l'Homme et des Peuples, on peut lire clairement que la Cour peut ordonner des mesures provisoires « *dans les cas d'extrême gravité ou d'urgence et lorsqu'il s'avère nécessaire d'éviter des dommages irréparables à des personnes* »[1]. On en infère donc que pour

[1] Article 27 du Protocole sur la Cour.

que la Cour prononce des mesures provisoires, il faut indubitablement la réunion d'une urgence et d'un dommage irréparable.

91. La définition jurisprudentielle. Comme nous pouvons le constater, les instruments de la Cour ne donnent aucun détail au sujet de la manière dont le juge est censé appréhender la notion d'urgence et de préjudice irréparable. Il a donc fallu aux juges de régler la question afin de pouvoir faire valablement valoir cette exigence dans le cadre des requêtes en indication des mesures provisoires pour lesquelles, elle serait saisie. C'est ainsi que la Cour a proposé de considérer qu'il y'a urgence toutes les fois où il y'a des raisons qu'un « *risque irréparable et imminent soit causé avant qu'elle ne rende sa décision au fond. Le risque en cause doit être réel, ce qui exclut le risque supposé ou abstrait. Il s'agit d'un risque sérieux, qui induit la nécessité d'y remédier dans l'immédiat* »[1]. Dans la même foulée, elle propose également de considérer qu'il y a un risque de préjudice irréparable lorsqu'il existe « *une probabilité raisonnable de matérialisation eu égard au contexte et à la situation personnelle des requérants* »[2]. À vrai dire, pour le requérant qui souhaite l'indication de mesures provisoires, il lui faut démontrer à la Cour qu'il y'a une urgence qui peut entrainer un préjudice irréparable. C'est en application de ces différentes approches que la Cour ayant fait le constat, dans une affaire, de ce que le requérant avait été condamné à mort, a affirmé que la requête révélait « *une situation d'extrême gravité ainsi que de risque de dommages irréparables* »[3].

---

[1] Cour africaine des droits de l'Homme et des peuples, Affaire *Sébastien Ajavon c. Bénin,* Requête n° 062/2019.

[2] *Idem.*

[3] Cour africaine des droits de l'Homme et des peuples, Affaire *Armand Guedi c. Tanzanie.*

Tout ceci achève de démontrer l'apport terminologique que revêt la méthodologie instaurée par la Cour. *Quid* de la consubstantialité ?

2. La consubstantialité de l'urgence et du préjudice irréparable

92. Une consubstantialité affirmée par les juges. À la lecture des décisions de la CADHP, un élément attire notre attention. Il s'agit de la conjonction de coordination « et ». En effet, cet « et » mit entre les notions d'urgence et de préjudice irréparable suscite matière à réflexion. Dans la mesure où cela laisse à croire que selon la Cour, la question de l'urgence et celle de préjudice irréparable entretiennent un lien. Quel lien ? Le lien ici mis en avant dans la jurisprudence de la Cour en matière de mesures provisoires prête à croire que l'urgence et la notion de préjudice irréparable sont fortement consubstantielles. Consubstantielles, en ce sens qu'il existe une sorte d'entremêlement entre ces différentes conditions. Ainsi, il ne peut y avoir d'urgence sans préjudice irréparable. C'est pour signifier cela que la Cour a affirmé que « *l'extrême gravité suppose qu'il y'a un risque réel et imminent qu'un préjudice irréparable soit causé avant qu'elle ne rende sa décision définitive* »[1].

93. La discussion de la consubstantialité. Même s'il est vrai que, la consubstantialité entre l'urgcnce et la notion de préjudice irréparable semble logique, il n'en demeure pas moins qu'elle est critiquée. En effet, le principal objet de la critique repose sur le fait que les juges de la CADHP n'ont nullement procédé à l'établissement d'une nuance possible entre ces différentes notions. C'est en tout cas ce que Samson Mwin Sô Mè DABIRE tente de dénoncer. Il

---

[1] Cour africaine des droits de l'Homme et des peuples, Affaire *Sébastien Ajavon c. Bénin.*

commence par dire qu'il « *est certes évident qu'il y'a un lien de connexion entre les deux conditions : c'est le risque de dommage irréparable qui caractérise l'urgence ou l'extrême gravité de la situation et c'est en vue d'éviter la survenance d'un tel dommage qu'il est urgent de prendre des mesures provisoires* »[1]. Pour lui, « *le lien de connexion ne dispense pas la Cour de préciser les éléments caractéristiques du dommage* »[2]. Cela est d'autant plus vrai, puisque c'est autour de ces conditions que les mesures provisoires de la CADHP trouvent leur finalité. Mais, pour pallier ce caractère lacunaire, il aurait été possible pour la Cour de s'aligner sur la définition proposée par le juge Rafaâ BEN ACHOUR en définissant la notion de dommage irréparable comme une situation où « *le comportement de l'État défendeur risque de causer au requérant un préjudice qu'il sera par la suite très difficile ou impossible d'effacer ou de réparer de manière adéquate* »[3].

L'intérêt de la discussion réside dans la seule imprécision des définitions que les juges de la CADHP ont apportée à la notion de préjudice irréparable. Puisque ces derniers n'ont nullement développé la question de la consubstantialité.

Au-delà, de cet aspect conceptuel fort stimulant, il est un caractère cognitif dans la méthodologie instaurée par la Cour relativement aux mesures provisoires.

---

[1] Samson Mwin Sô Mè DABIRE, « Les ordonnances de la Cour Africaine des Droits de l'Homme et des Peuples dans les affaires Sébastien Ajavon c. Bénin et Guillaume Soro et autres c. Côte d'Ivoire : souplesse ou aventure ? », *Art. cit.*, p. 491.

[2] *Idem.*

[3] Opinion dissidente du juge Rafaâ BEN ACHOUR jointe à l'affaire *XYZ c. Bénin.*

B. Le caractère cognitif de la méthodologie

94. L'appréhension du caractère cognitif. L'adjectif cognitif, renvoyant à ce qui porte sur « *la cognition* »[1], c'est-à-dire à la réflexion, au raisonnement, on peut admettre que, le caractère cognitif de la méthodologie instaurée par la CADHP traite de tout ce qui a trait aux techniques de raisonnement et d'appréciation utilisées par la Cour dans l'examen des demandes en indication de mesures provisoires. À ce titre, on remarque que la Cour utilise deux types de techniques. Primo, on a la prépondérance des probabilités comme méthode de raisonnement **(1).** Secundo, on a l'appréciation *in concreto* comme méthode d'appréciation **(2).**

1. La prépondérance des probabilités comme méthode de raisonnement

95. Les manifestations de la technique de raisonnement. La technique de la prépondérance de probabilité est une technique de raisonnement qu'utilise la Cour pour analyser les conditions matérielles de prononcé des mesures provisoires. En effet, selon le juge Ben KIOKIO, l'analyse des conditions de prononcé des mesures provisoires s'effectue suivant une technique qui a pour particularité de ne prendre en compte que la probabilité que le silence gardé par la Cour puisse engendrer un préjudice irréparable. Il s'agit, de manière explicite d'une technique qui permet à la Cour de se fonder donc sur les faits les plus probables afin d'analyser s'il existe des éléments factuels de penser qu'il faut nécessairement agir. Ainsi, le faisant, la Cour n'a pas à se rassurer au point d'exclure tout doute, mais juste qu'il existe des raisons de prononcer des mesures

[1] Dictionnaire français, Larousse, compact, maitriser la langue pour mieux s'exprimer, *Op. cit.,* p. 262.

provisoires dans la fin de protéger de manière réactive l'objet du litige[1].

96. Une technique efficace. Parlant, de la technique de la prépondérance des probabilités, elle apparait comme techniquement efficace dans la mesure où elle permet aux juges de mieux s'imprégner des éléments factuels afin de ne pas prononcer une décision en déphasage avec la réalité des faits[2]. Mais, au-delà de cet aspect, la simplicité de la technique de la prépondérance de probabilités est également l'un des éléments de son efficacité. Cela d'autant plus qu'elle répond parfaitement à la physionomie du contentieux de l'urgence, qui recommande, comme le relevait le professeur Robert KOLB de « *s'en tenir au jugement de ce qui apparaît à première vue (prima facie) le plus probable* »[3]. On comprend, dès lors, la raison pour laquelle, la Cour s'est attachée à cette technique de raisonnement.

À notre avis, même si ladite technique de raisonnement n'est pas le résultat d'une innovation mis au point par la CADHP, elle reste tout de même une technique dont les louanges peuvent être faites, car grandement intéressante.

Si par sa technicité, la méthode de raisonnement utilisée par la Cour apparait intéressante, qu'en est-il de la technique d'appréciation qu'elle utilise ? En quoi permet-elle à la cour de rendre de bien meilleures décisions ?

---

[1] Opinion dissidente du juge Rafaâ BEN ACHOUR jointe à l'affaire *XYZ c. Bénin.*

[2] Opinion dissente du Juge Ben KIOKIO dans l'affaire *Éric Houngue c. Bénin.*

[3] Robert KOLB, *La Cour Internationale de justice, Op. cit.*, p. 643.

2. L'appréciation in concreto comme méthode d'appréciation

97. La signification. La technique de l'appréciation *in concreto* est une technique d'appréciation qui fait « *état des seules circonstances de la cause* »[1]. C'est une technique qui permet à la Cour d'apprécier les conditions de prononcé des mesures provisoires en tâchant de mettre l'individu au cœur de l'appréciation. Elle est le fondement même de la compétence de la Cour et en ce sens qu'elle permet à la Cour de tirer de la situation que présente l'objet du litige, les motifs de sa décision. Il faut tout simplement retenir qu'il s'agit d'une méthode d'appréciation qui tient compte de la situation personnelle du requérant.

Mais, il convient de le relever, il est carrément impossible de lire dans les décisions des juges de la CADHP de manière expresse la technique de raisonnement employée. Mais, comme le relève Samson Mwin Sô Mè DABIRE, la Cour laisse à penser dans ses décisions qu'elle apprécie les conditions « *dans chaque cas d'espèce* »[2], elle fait donc une lecture « *in concreto des faits* »[3]. C'est la technique d'appréciation qui permet d'apprécier au cas par cas les conditions de prononcé des mesures provisoires.

98. Une technique adaptée. L'adaptation de la technique d'appréciation des circonstances pour l'indication de mesures provisoires réside, en ce que cette technique est la mieux outillée pour permettre une véritable appréciation des faits. Cela est d'autant plus vrai, dans la

---

[1] Dictionnaire juridique en ligne. Tiré sur le site : https://www.dictionnaire-juridique.com/definition/in-abstracto-in-concreto.php : Consulté le 22/05/2022.

[2] Samson Mwin Sô Mè DABIRE, « Les ordonnances de la Cour Africaine des Droits de l'Homme et des Peuples dans les affaires Sébastien Ajavon c. Bénin et Guillaume Soro et autres c. Côte d'Ivoire : souplesse ou aventure ? », *Art. cit.*, p. 492.

[3] *Ibidem.*

mesure où la technique de l'appréciation *in concreto* permet à la Cour d'effectuer de manière assez loisible l'exercice de ses fonctions judiciaires.

On retient donc que les juges de la CADHP ont réellement permis la vivification du régime juridique des mesures provisoires. Cela par l'effet de l'aménagement effectué. Mais, on note qu'en plus d'avoir aménagé le régime juridique des mesures provisoires, les juges de la CADHP ont également procédé à l'affinement des conditions de prononcé des mesures provisoires.

SECTION II : L'AFFINEMENT DES CONDITIONS DE PRONONCÉ DES MESURES PROVISOIRES

99. La compréhension de l'affinement. Dans la continuité de la démarche suivie dès l'entame de notre réflexion, qui se traduit par la définition continue des termes et expressions nécessaires en vue de la compréhension des idées à aborder, nous pensons qu'il est utile de préciser ce qu'il convient d'entendre au travers de l'affinement des conditions de prononcé des mesures provisoires. À ce sujet, il est possible de définir l'affinement comme « *l'action d'affiner* »[1], c'est-à-dire d'achever « *la maturation d'une chose* »[2]. Ainsi, traiter de l'affinement des conditions de prononcé des mesures provisoires, c'est porter une réflexion sur la manière dont les juges de la CADHP ont dans l'élan de vivification de la technique des mesures provisoires, permis le perfectionnement des conditions de prononcé des mesures provisoires. Cet affinement se présente comme des apports constructifs aux conditions suivant lesquelles la Cour peut être saisie d'une requête aux

---

[1] Dictionnaire Français Larousse, compact, maitriser la langue pour mieux s'exprimer, p. 25.
[2] *Ibidem.*

fins d'indication de mesures provisoires. Il s'agit donc là d'un affinement qualitatif.

100. Les caractères de l'affinement. S'agissant des caractères de l'affinement, les aborder c'est indéniablement mettre en perspective les différentes caractéristiques de l'affinement. Autrement dit, c'est tenter une approche dont la fin consistera à regrouper tous les éléments de l'affinement afin de les regrouper pour mieux les comprendre. Il s'agit de présenter les différentes formes suivant lesquelles cet affinement annoncé s'effectue. L'annonçant, on peut, avec autant de facilité, constater que l'affinement apporté par les juges de la CADHP à la technique des mesures provisoires attrait d'abord, aux conditions à satisfaire pour bénéficier de la part de la CADHP d'une mesure provisoire. Ces conditions, loin d'être exhaustives, en raison de leur nature jurisprudentielle, permettent inexorablement d'être situé sur la manière dont le dossier de la requête doit être présenté et sur les différents éléments pouvant assurer le prononcé de mesures provisoires à son avantage. Elles présentent donc des caractéristiques particulières et se répartissent en deux ordres. On a dans un premier temps les conditions matérielles de prononcé des mesures provisoires **(Paragraphe 1),** lesquelles conditions seront d'abord étudiées ; avant de nous attarder à l'étude approfondie des autres conditions, qui seront rassemblées et traiter sous l'auspice des conditions formelles **(Paragraphe 2).**

Paragraphe 1 : Les conditions matérielles d'indication des mesures provisoires

101. La compréhension des conditions matérielles. L'expression « conditions matérielles » devrait être entendue comme l'ensemble des exigences liées à ce « *qui* *a trait au contenu d'un objet* »[1]. En l'espèce, il ne s'agit de rien d'autre que, des conditions substantielles nécessaires pour le prononcé des mesures provisoires. À ce titre, il est donné de constater un effort de précision, mais aussi de rigueur dans les conditions matérielles établies par la jurisprudence de la Cour. Cette rigueur permet d'observer que les conditions matérielles de prononcé des mesures provisoires sont formées d'exigences, en ce sens que, leur inobservation entraine quasi systématiquement le rejet de la demande en indication de mesures provisoires. Ces exigences se répartissent, matériellement en deux ordres. On note qu'il y'a une première exigence qui nécessite la réunion cumulative d'une urgence et d'un préjudice irréparable **(A)** et d'une autre exigence qui quant à elle nécessite qu'il y ait un lien apparent entre les droits dont la protection est demandée au travers des mesures provisoires avec les droits du fond à protéger **(B).**

A. L'exigence cumulative d'une urgence et d'un préjudice irréparable

102. Une condition requise par les juges. La question de l'exigence cumulative d'une urgence et d'un préjudice irréparable est un principe d'inspiration prétorienne, car ayant été mise en place par les juges de la CADHP. Cela, dans la mesure où il est loisible de constater que les instruments de la Cour ne disent absolument pas, s'il faut nécessairement le cumul d'une urgence et d'un risque de dommage irréparable. Ces textes ne se contentent que de les énoncer sans plus de précision. Pourtant, à lire la jurisprudence de la Cour, le constat qui s'offre à nous est qu'il s'agit d'une exigence *sine qua non* **(1),** qui est appréciée de manière circonstancielle **(2)**. Cette innovation,

[1] Gérard CORNU, *Op. cit.*, p. 1379.

du moins, cette précision provient-elle de la fonction interprétative du juge de la Cour d'Arusha ?

1. Une exigence sine qua non

103. Une exigence reconnue comme indispensable. Traitant de la question des conditions liées à l'urgence et au préjudice irréparable, il est possible de rapporter, à partir de la jurisprudence de la Cour, qu'il s'agit là, de conditions indispensables pour le prononcé de mesures provisoires. En effet, selon la Cour, il appartient à tout requérant sollicitant des mesures provisoires d'établir non seulement, l'existence d'une urgence justifiant la nécessité de prendre de manière urgente des mesures, mais aussi de démontrer que le non prononcé par la Cour des mesures demandées serait susceptible d'occasionner un préjudice irréparable. C'est le raisonnement qui est quasi présent dans les décisions rendues par la Cour d'Arusha. C'est également ce que ne tarde de confirmer la décision rendue par la Cour dans l'affaire *Houngre Éric Noudehouenou c. Bénin*[1]. Dans cette décision, il est possible de lire que la Cour, au sujet de la demande du requérant tendant à ce que l'État défendeur présente des excuses, la Cour a rejeté la demande au motif que celle-ci ne présentait « *pas une urgence et un risque de préjudice irréparable* »[2]. Ce qui nous fait dire que, l'exigence de l'existence cumulative d'une urgence et d'un préjudice irréparable est nécessaire. C'est le même sentiment que l'on a, lorsqu'on lit la décision de la Cour rendue en l'affaire *Ghaby Kodeih et Nabih Kodeih*[3]. En effet, dans ladite décision, la Cour faisant suite à la demande du requérant a estimé que « *la démolition de*

---

[1] Cour africaine des droits de l'Homme et des peuples, Affaire *Houngre Éric Noudehouenou c. Bénin,* Requête n° 004/2020.
[2] *Idem.*
[3] Cour africaine des droits de l'Homme et des peuples, Affaire *Ghaby Kodeih et Nabih Kodeih,* Requête n° 008/2020.

l'immeuble qui est une mesure extrême et radicale causera des préjudices irréparables aux requérants »[1] *;* elle avait conclu donc qu'il y'a « *une situation d'extrême gravité présentant un risque irréparable pour les requérants* »[2]. On infère de là que le caractère *sine qua non* de l'exigence cumulative d'une urgence et d'un préjudice irréparable.
Pour Guillaume LE FLOCH, « *l'exigence de ces deux critères correspond parfaitement à la logique de la procédure des mesures provisoires. Ces dernières doivent en effet garantir la pleine efficacité de la décision à venir sur le fond. Or, s'il n'y a pas d'urgence à préserver les droits des parties d'un préjudice irréparable, il n'y aurait aucune raison de statuer par voie de mesures provisoires* »[3]. On comprend, dès lors, ce qui fonde le caractère indispensable de l'exigence.

C'est sans nul doute, ce qui justifie le fait que l'inobservation de cette exigence fait l'objet de sanction régulière par la Cour.

104. Une exigence sanctionnée. Une exigence sanctionnée dans la mesure où la non-observation de cette condition fait l'objet d'une sanction de la part des juges. Cette sanction est tout simplement le rejet de la demande. En effet, la question de l'exigence cumulative d'une urgence et d'un préjudice irréparable étant une condition indispensable alors, les juges ne se font pas prier de rejeter la demande lorsque les requérants ne démontrent pas que la situation pour laquelle il sollicite les mesures provisoires présente une urgence et donc le risque d'un préjudice irréparable. Pour s'en convaincre, on peut citer la solution des juges dans l'affaire *Conaide Togia Latondji*

---

[1] Cour africaine des droits de l'Homme et des peuples, Affaire *Ghaby Kodeih et Nabih Kodeih,* Requête n° 008/2020.

[2] *Idem.*

[3] Guillaume LE FLOCH, *L'urgence devant les juridictions internationales*, Paris, éditions Pédone, 2008, p. 104.

Akouedenoudje c. Bénin. Dans cette affaire, les juges de la CADHP avaient refusé de donner suite à la demande du requérant au motif que celui-ci « *n'a pas donné de preuve que lui ou toute personne précisément désignée se trouve dans une situation d'urgence* » et qu'il « *n'apporte pas la preuve quant à la réalité et l'imminence du préjudice irréparable qu'il encourt* »[1]. Ce qui vient donc corroborer le caractère indispensable de l'existence cumulative d'un risque de préjudice irréparable et d'une urgence.

Tout ceci achève de mettre la lumière sur le fait que l'urgence et l'existence d'un préjudice irréparable sont des éléments indispensables. Alors, on peut dans la même foulée se poser la question de savoir quelle est la méthode utilisée par les juges pour parvenir à l'appréciation de l'existence ou non d'une urgence et d'un préjudice irréparable.

2. Une exigence appréciée de façon circonstancielle

105. Une appréciation fictive. Aborder, la question de l'appréciation fictive des conditions liées à l'urgence et au préjudice irréparable, c'est mettre en avant l'idée selon laquelle les juges, lorsqu'ils procèdent à l'appréciation de l'existence de l'urgence et d'un préjudice irréparable, ont tendance à utiliser des méthodes d'appréciation qui reposent sur la fictivité. En effet, le juge, n'ayant pas la possibilité de saisir de manière palpable l'objet du litige lorsqu'il apprécie le caractère urgent du prononcé des mesures provisoires, se fonde sur des considérations abstraites.

106. Une fictivité provoquée par la méthode de raisonnement. Le caractère fictif de l'appréciation des

[1] Cour africaine des droits de l'Homme et des peuples, Affaire *Conaide Togia Latondji Akouedenoudje c. Bénin*, Requête n° 024/2020.

exigences liées à l'urgence et à la question de préjudice irréparable provient de ce que les juges lorsqu'ils procèdent à l'appréciation de l'existence d'une urgence et d'un préjudice irréparable, ont tendance à utiliser un mode de raisonnement qui ne peut appeler à d'autres choses qu'à la fictivité. Cela, dans la mesure où le raisonnement utilisé consiste en une analyse de probabilité. Et qui dit probabilité, fait appel indirectement à la fiction. Cela, pour ce qu'elle consiste en une analyse abstraite des circonstances pouvant justifier une forte probabilité que des dommages irréparables surviennent si des mesures ne sont pas prises. Alors, l'analyse consistera à appréhender, de façon non concrète, la situation pendante. Car elle repose en principe sur des considérations générales.

Tout ceci achève de mettre en lumière l'exigence cumulative nécessaire de l'urgence et du préjudice irréparable dans les conditions matérielles d'indication des mesures provisoires. Mais, il convient de relever qu'en plus de cette exigence, la Cour exige également qu'il y ait un lien apparent avec les droits du fond à protéger.

B. L'exigence d'un lien apparent avec les droits du fond à protéger

107. Une exigence justifiée. L'exigence d'un lien apparent avec les droits du fond à protéger apparait justifiée dans notre entendement. Cela, dans la mesure où, comme le relève le Professeur Robert KOLB, « *les mesures conservatoires demandées par les parties doivent viser à préserver les droits invoqués dans l'instance au fond, c'est-à-dire les droits formant l'objet de la décision finale. Il n'est pas admissible de demander la protection de droits autres que ceux formant l'objet de la décision finale* »[1]. Ainsi, nous pensons qu'il est donc normal que la Cour

[1] Robert KOLB, *La Cour Internationale de justice, Op. cit.*, p. 645.

requière concernant sa saisine qu'au sujet d'une requête en indication des mesures provisoires, que lui soit démontré par la partie requérante, un lien apparent entre les droits pour lesquels il demande à la Cour une protection avec les droits du fond à protéger. En d'autres termes, il appartiendra au requérant de s'assurer que la demande en indication de mesures provisoires qu'il introduit ait un lien avec les droits dont il requiert une protection au fond. Il est important de préciser dans une première partie la signification de l'apparence **(1)** avant de démontrer le fondement du lien **(2).**

1. La signification de l'apparence

108. Les traits de l'apparence. Relativement, aux traits de l'apparence, nous entendons ici mettre l'accent sur les différents éléments qui doivent être apparents dans la demande en indication de mesures provisoires afin que les conditions matérielles d'indication des mesures provisoires soient satisfaites et que le juge les prononce. Concernant cette question, cela consiste en ce que le requérant doit démontrer que les droits dont il demande la protection de manière préventive sont de manière apparente les mêmes droits dont il entend dénoncer la violation au fond. Ainsi, il ne s'agit pas là pour le requérant de démontrer qu'il y'a eu une violation de ses droits, cela étant réservé pour les discussions au fond, mais de démontrer un lien apparent. Ceci, en ce sens où, relativement aux mesures provisoires, l'on ne peut et ne doit véritablement chercher à savoir si les droits au fond dont la violation est alléguée existent ou sont fondés. Mais, juste s'attarder à démontrer que, la demande en indication de mesures provisoires est toujours dans la même veine que la procédure initialement engagée[1]. Alors,

[1] Cour africaine des droits de l'Homme et des peuples, Affaire *Houngue Éric Noudekouenou c. Bénin,* Requête n° 032/2020, *Op. cit.*

il faudra convaincre la Cour ; car, comme le relève Robert KOLB, la Cour « *ne refusera les mesures provisoires que dans les cas où ces droits sont manifestement inexistants, car la compétence prima facie relativement à l'objet du litige fait défaut* »[1]. Dès lors, l'apparence ici recherchée repose sur ce qui est manifestement perceptible. C'est justement ce que tente de nous faire comprendre la décision de la CADHP dans l'affaire *Adama Diarra dit Vieux Blen c. Mali*. Dans cette décision, les juges de la CADHP avaient refusé la demande du requérant tendant à l'annulation du mandat de dépôt et du refus d'enrôlement des demandes de mise en liberté au motif « *qu'elle est de telle nature que son examen exigerait de se prononcer sur le fait de savoir si les actes procéduraux posés par les juridictions internes sont conformes à la Charte. Il s'ensuit qu'un tel examen entamerait la cause au fond* »[2]. Ainsi, on infère donc de cette décision qu'il ne faut juste qu'une apparence.

109. La non-affectation des droits du fond. L'exigence d'un lien apparent entre les droits du fond à protéger et les droits dont la protection est demandée au travers des mesures provisoires tient de ce qu'il est important que les droits dont la protection est invoquée aient un lien avec les droits du fond. Cela, d'autant plus que cette exigence a pour but d'éviter que les droits au fond à protéger soient affectés par la procédure. On infère donc, qu'il faut juste que la Cour soit rassurée de ce qu'il existe une apparence *prima facie*[3]. C'est cette assurance qui de manière irrévocable permettra à la Cour d'être convaincue que, les droits qu'elle protégera au travers des mesures provisoires, ne soient pas totalement étrangers à la procédure engagée devant elle.

---

[1] Robert KOLB, *La Cour Internationale de justice, Op. cit.*, p. 646.

[2] Cf. Cour africaine des droits de l'Homme et des peuples, Affaire *Adama Diarra dit Vieux Blen c. Mali.*

[3] Cf. Cour africaine des droits de l'Homme et des peuples, Affaire *Houngue Éric Noudekouenou c. Bénin.*

Si l'ensemble des explicitations avancées permet de comprendre l'apparence exigée, il convient de s'interroger sur ce qui fonde le lien d'apparence requis par la Cour. Quid donc du fondement du lien d'apparence exigé ?

2. *Le fondement du lien*

110. De la sauvegarde des droits du fond. Le fondement du lien exigé entre les droits pour lesquels les mesures provisoires sont sollicitées et les droits du fond s'inscrit dans la foulée de la protection des droits du fond. Cela, apparait d'autant plus nécessaire, dans la mesure où, il n'est pas à exclure que les mesures provisoires, une fois prononcées, sont susceptibles d'avoir une incidence sur les droits de fond[1]. Ainsi, on se doit de comprendre que, le lien d'apparence exigée par la Cour n'a pour seule finalité que la protection des droits du fond. On peut, dans la même perspective, être admis à dire que, la Cour ne saurait ainsi prononcer des mesures provisoires que si et seulement si elle est rassurée de ce que, la protection est destinée à une protection des droits du fond.

111. À la recherche d'une justification. Ici, nous entendons mettre en exergue l'idée selon laquelle, l'exigence d'un lien apparent avec les droits du fond apparait comme étant foncièrement un élément de justification que la Cour exige dans le but de ne pas rendre une décision qui serait non justifiée. Ceci est constatable au travers de la manière dont la CADHP traite de la question.

C'est l'ensemble de ces éléments qui forment les conditions matérielles de prononcé des mesures provisoires. Mais qu'en est-il des conditions formelles ?

---

[1] Cf. Cour africaine des droits de l'Homme et des peuples, Affaire *Houngue Éric Noudekouenou c. Bénin*

Paragraphe 2 : Les conditions formelles d'indication des mesures provisoires

112. L'appréhension des conditions formelles. On se doit de tenter une approche définitionnelle. Cette approche consistera à préciser l'expression « *conditions formelles* ». À ce titre, on peut définir les conditions formelles comme l'ensemble des exigences liées « *à l'accomplissement d'un acte* »[1]. Ainsi, les conditions formelles renvoient à tout ce qui a trait à la procédure. Alors, traiter des conditions formelles d'indication des mesures provisoires, c'est mettre l'accent sur le fait que, que la Cour ne prononce les mesures provisoires que lorsque certaines exigences formelles sont réunies. Il s'agit de la question de la preuve **(A)** et du caractère purement incident de la procédure d'examen des demandes d'indication des mesures provisoires **(B).**

A. L'intransigeance de la Cour sur la question de la preuve

113. Une intransigeance justifiée. Relativement à l'intransigeance de la Cour sur les questions de preuve, on peut être admis à dire qu'elle est fondée. Fondée, dans la mesure où, il apparait normal dans notre entendement que les juges refusent de faire suite à une demande en indication de mesures provisoires lorsque le requérant ne rapporte pas les preuves de ce qu'il y'a urgence et risque de préjudice irréparable. Pourtant, nous pouvons le dire, la preuve apparait comme le fondement factuel des mesures provisoires **(1).** C'est certainement au regard de ce caractère que la Cour rejette automatiquement les demandes sans preuve **(2).**

---

[1] Gérard CORNU, *Vocabulaire juridique, Op. cit.*, p. 1027.

1. La preuve comme fondement factuel des mesures provisoires

114. La preuve, un élément principalement important pour le requérant. La preuve apparait comme nécessairement importante pour le requérant dans la mesure où, c'est la preuve qui sert de fondement aux juges dans leur raisonnement. De plus, la preuve fait partie des conditions procédurales auxquelles doivent nécessairement se soumettre les requérants aux fins de l'obtention de mesures provisoires. C'est ce que le juge Lauterpacht affirme quand il dit « *qu'aucune différence juridique fondamentale ne distingue les règles de preuve applicables à l'examen au fond d'une affaire de celles applicables à une procédure en indication de mesures conservatoires. Il existe cependant une différence pratique en ce sens que, dans le cadre de ce dernier type de procédure, le demandeur disposera sans doute de moins de temps que lors de la phase plus étendue de l'examen au fond pour assembler les éléments de preuve sous la forme la plus concluante, et le défendeur et la Cour pour les soumettre à un examen attentif* »[1]. On infère donc, que même s'il est vrai que, sur la question de la preuve la Cour est assez flexible, la preuve reste tout de même une exigence dans le cadre de l'examen des demandes en indication des mesures provisoires. On comprend d'ailleurs, pourquoi la Cour ne tarde pas à rejeter les demandes non accompagnées de preuves. C'est ce que donne de constater la décision de la Cour dans l'affaire Affaire *Houngre Éric Noudehouenou c. Bénin*. Dans cette décision, la Cour avait refusé de donner suite à la demande

[1] Brigitte STERN, *20 ans de jurisprudence de la Cour Internationale de Justice : 1975-1995*, Matinus Nijhoff, p. 798.

du requérant au motif que celui-ci n'avait pas rapporté la preuve corroborant que le *« tribunal violait ses droits »*[1].

115. La preuve, un élément secondairement important pour les juges. La preuve est secondairement importante pour l'office du juge en ce sens qu'elle lui permet de porter une analyse factuelle des circonstances afin d'évaluer la nécessité d'ordonner ou non des mesures provisoires. Ainsi, nous sommes tentés de dire que sans preuve, la Cour ne peut valablement apprécier les circonstances de faits et ainsi juger de la nécessité de prononcer des mesures provisoires.

Cela achève de démontrer avec éloquence que la preuve apparait comme le fondement factuel des mesures provisoires. C'est bien ce qui justifie le rejet systématique des demandes sans preuve.

2. Le rejet systématique des demandes sans preuve

116. Un rejet justifié. Pour nous, le rejet des demandes en indication de mesures provisoires sans preuve est logique et justifié dans la mesure où, le défaut de preuve a pour conséquence de rendre complexe l'appréciation des éléments factuels.

117. Un rejet souvent écarté par les juges. De la lecture des décisions de la CADHP, il est possible de poser le constat suivant lequel, les juges ont eux-mêmes tendance à ne plus considérer comme fondamentale la question de la preuve dans certaines circonstances. En effet, dans l'une des affaires qu'elle a eu à traiter, la Cour avait écarté la question de la preuve. Le motif avancé par la Cour tenait à ce que, selon la Cour, il y avait un risque de dommage irréparable en raison du « *risque d'exécution de la peine de mort susceptible de porter atteinte à la jouissance des*

[1] Cour africaine des droits de l'Homme et des peuples, Affaire *Houngue Éric Noudekouenou c. Bénin.*

droits prévus par la Charte»[1]. En vrai, il faut le dire, l'écartement de la preuve par les juges est généralement remarquable dans les situations où ils prononcent eux-mêmes *proprio motu* les mesures provisoires. Il est donc logique que, la Cour n'exige pas des requérants, le rapport de la preuve.

On retient de ces idées que la preuve est le fondement factuel des mesures provisoires. Quid de la question du caractère incident de la procédure d'examen des mesures provisoires ?

L'intransigeance de la Cour sur le caractère purement incident de la procédure.

B. L'intransigeance de la Cour sur le caractère purement incident de la procédure

118. La notion de procédure incidente. On peut définir la procédure incidente comme une procédure « *qui survient au cours d'une instance déjà introduite par une demande dite initiale ou principale ; se dit surtout d'une contestation qui se greffe sur cette instance* »[2]. Il s'agit donc d'une procédure propre aux événements qui affectent l'instance principale. Ce qui nécessite que soit expliqué de manière exhaustive ce qu'est une telle procédure **(1)** ; avant de nous attarder à présenter la manière dont elle fait des mesures provisoires, une étape dans la procédure contentieuse **(2).**

---

[1] cf. Cour africaine des droits de l'Homme et des peuples, Affaire *Cosma Faustin c. Tanzanie.*

[2] Gérard CORNU, *Vocabulaire juridique, Op. cit.*, p. 1142.

1. La compréhension du caractère incident des demandes

119. Des demandes en indication de mesures provisoires obligatoirement liées à une procédure contentieuse spécifique. On entend ici mettre en évidence le fait que les mesures provisoires de la CADHP sont nécessairement mises en œuvre dans la procédure contentieuse. En fait, il faut comprendre qu'il ne peut y avoir de demandes individuelles, voire spéciale de mesures provisoires sans qu'initialement la Cour ait été saisie pour un litige portant sur des droits de fond. En effet, c'est ce que la jurisprudence de la Cour nous permet de poser comme analyse. Ainsi, en lisant les décisions de la CADHP, l'on note dans l'une de ces affaires que pour cette dernière « *une demande de mesures provisoires est nécessairement introduite dans le cadre d'une procédure de fond spécifique à laquelle elle est rattachée* »[1]. Ce qui permet de dire qu'il est impossible de saisir la CADHP en vue de lui demander l'indication de mesures provisoires sans qu'une procédure contentieuse, une procédure de fond ait été engagée par le requérant. Pour reprendre Robert KOLB, la procédure des mesures provisoires se « *greffe sur une instance principale* »[2]. Aucune mesure provisoire ne peut donc, être demandée à la Cour hors du cadre d'une instance pendante devant elle.

120. Des demandes reconventionnelles ? À ce sujet, on peut être tenté de confondre le caractère incident des demandes en indication de mesures provisoires et la procédure des demandes reconventionnelles. Cela, en raison du moment de leur intervention. Pourtant, les demandes reconventionnelles présentent une tout autre

---

[1] Cour africaine des droits de l'Homme et des peuples, Affaire *Houngue Éric Noudekouenou c. Bénin,* Requête n° 032/2020.

[2] Robert KOLB, *La Cour Internationale de justice, Op. cit.*, p. 641.

particularité. Elles sont des demandes qui introduisent d'autres prétentions ou qui élargissent le groupe des parties originaires au procès en introduisant en la cause d'autres plaideurs[1]. Ce qui sous-entend donc que pour ce qui est des demandes reconventionnelles, on reste toujours dans le cadre de l'instance principale. En effet, la CIJ a elle-même indiqué dans un *obiter dictum* que :

« *Considérant qu'il est constant qu'une demande reconventionnelle présente, au regard de la demande de la partie adverse, un double caractère ; qu'elle en est indépendante dans la mesure où elle constitue une demande distincte, c'est-à-dire un acte juridique autonome ayant pour objet de soumettre une prétention nouvelle au juge, et, qu'en même temps, elle s'y rattache, dans la mesure où, formulée à titre reconventionnel, elle riposte à la demande principale ; que le propre d'une demande reconventionnelle est ainsi d'élargir l'objet initial du litige en poursuivant des avantages autres que le simple rejet de la prétention du demandeur à l'action – par exemple, la condamnation de celui-ci ; et que, à ce titre, la demande reconventionnelle se distingue d'un moyen de défense au fond* »[2].

On retient donc qu'en définitive, les mesures provisoires sont simplement liées à une procédure contentieuse initiale et qu'elles se distinguent des demandes reconventionnelles. On a même pu dire, à leur sujet, qu'elles sont comme une étape dans la procédure contentieuse.

---

[1] Gérard CORNU, *Vocabulaire juridique, Op. cit.*, p. 1142.

[2] Cour internationale de justice, Ordonnance du 17 décembre 1997, *Affaire de l'Application de la Convention pour la prévention et la répression du crime de génocide*, Bosnie-Herzégovine c. Yougoslavie, Demandes reconventionnelles, Rec., 1997, p. 256, § 27.

2. Les mesures provisoires comme une étape dans la procédure contentieuse

121. Une procédure provisoire facilitant la décision au fond. Ici, l'idée est de faire comprendre qu'en tant qu'une étape dans la procédure contentieuse, les mesures provisoires permettent la facilitation de la décision au fond. Cela est d'autant plus vrai en ce sens que, dans leur finalité qui est de veiller à la sauvegarde de l'intégrité judiciaire, les mesures provisoires lorsqu'elles sont ordonnées et mises en œuvre, permettent d'assurer la sauvegarde de l'objet du litige. Ce qui permet donc aux juges de rendre en toute quiétude leur décision au fond.

122. Le caractère provisoire des ordonnances portant mesures provisoires. Les mesures provisoires étant une étape dans le contentieux devant la CADHP, alors on comprend aisément que les ordonnances rendues par voie de mesures provisoires ont un caractère temporaire. En effet, lorsqu'elles sont rendues, elles ont pour finalité de ne s'appliquer qu'à la seule situation d'urgence à laquelle elles doivent faire face. Elles n'ont donc pas vocation à s'étendre à la procédure au fond. C'est d'ailleurs ce que, relève continuellement la Cour à la fin de ses décisions quand elle rappelle que « *pour lever toute équivoque, la présente ordonnance est de nature provisoire et ne préjuge, en rien, les décisions que la Cour pourrait prendre sur sa compétence, la recevabilité de la requête et sur le fond* »[1]. Ce qui achève de démontrer que, les ordonnances en indication de mesures provisoires ont un caractère provisoire.

---

[1] Cour africaine des droits de l'Homme et des peuples, Affaires *Konate Kalikou et Doumbia Ibrahim c. Côte d'Ivoire,* Requête n° 036/2019 et 037/2019.

CONCLUSION DE LA PREMIÈRE PARTIE

En définitive, il convient de relever au terme de ce premier mouvement de cette étude que la technique des mesures provisoires de la CADHP, au travers de sa mission traditionnelle de protection de la fonction de juger et de la partition jouée par les juges dans l'introduction de son régime juridique, s'offre à tout observateur averti, comme étant prisée pour l'intégrité judiciaire. Prisée, dans la mesure où, les juges se sont approprié la technique dans le but de rendre dynamique et utile leur fonction de juger ; ceci en considération du fait que cet aspect apparait moins visible. Ce qui permet indéniablement de parvenir à déployer les mesures provisoires dans la dynamique de protéger l'objet du litige et de s'assurer de la non-aggravation du litige et de rendre opportune, dans le même élan, la décision au fond. On comprend dès lors, le fait que, la Cour n'attend plus les parties à l'instance pour indiquer des mesures provisoires, dès qu'elle l'estime nécessaire. Cela montre à quel point, la technique des mesures provisoires est avantageuse pour les juges eux-mêmes.

Mais, dans la continuité de cette réalité, on peut s'interroger sur la capacité des mesures provisoires de la CADHP à protéger les droits des parties à l'instance. Autrement dit, les mesures provisoires ont-elles également pour finalité de protéger les droits des parties ?

DEUXIÈME PARTIE :
UNE FINALITÉ PLUS TRANSPARENTE :
LA PROTECTION DES DROITS DES PARTIES

123. La question de la protection des droits des parties dans la littérature des mesures provisoires. Au sujet des mesures provisoires devant la CADHP, le premier des constats que l'on est admis à poser est l'insuffisance d'études scientifiques sur la question comme nous le rappelions plus haut. Ce qui ne facilite pas à notre avis, une étude voir une simple tentative de compréhension. Mais, à partir d'une lecture appliquée des décisions de la Cour, des réflexions doctrinales en rapport avec la CADHP en grande partie très succinctes et des études menées par des auteurs sur la question des mesures provisoires et conservatoires en rapport avec les autres juridictions régionales en matière des droits de l'homme, l'on se retrouve avec des éléments de réflexion stimulants. Cela est d'autant rendu possible en raison de la quasi-similitude que présente la réalité des mesures provisoires tant devant la Cour Africaine des Droits de l'Homme et des Peuples que devant les autres juridictions[1] recourant à cette technique judiciaire.

On remarque ainsi que, dans le langage de la Cour, mais aussi au travers des différentes études menées sur la question, que la technique des mesures provisoires, devant la CADHP n'a pas pour seule fin de « *préserver l'utilité de sa fonction judiciaire* »[2]. Elle a aussi, en dehors de cet aspect procédural, la finalité de protéger les droits des parties au litige. C'est d'ailleurs cet aspect que le Professeur Robert KOLB présente comme étant la version minimale des mesures provisoires. En fait, pour ce dernier, le but des mesures provisoires est aussi de permettre à la Cour de « *sauvegarder les droits de chacun [the respective rights of the parties] en attendant que la Cour rende sa décision* »[3]. Ce qui amène donc, à déduire des mesures provisoires de la CADHP une dualité de fonctions. Sandrine WATHÉE

---

[1] Il s'agit de la CJCEDEAO, la CIJ, CEDH et de la CIADH.

[2] Robert KOLB, *La Cour Internationale de Justice*, *Op. cit.*, p. 635.

[3] *Ibidem.*

semble à son tour partager cette vision lorsqu'elle soutient que le second intérêt des mesures provisoires réside dans « *leur capacité à protéger préventivement et donc effectivement les droits fondamentaux des requérants* »[1]. On infère donc, de ces différentes approches que la technique des mesures provisoires permet en plus de la sauvegarde de l'objet du litige, la protection des droits fondamentaux des parties au litige. On a même pu lire à ce sujet, qu'à la finalité procédurale des mesures provisoires s'ajoutait une autre qui est perceptible dans la pratique quotidienne. Il s'agit, de la « *préservation des droits du requérant, non plus uniquement pour sauvegarder l'objet du litige, mais, surtout, pour prévenir ou mettre fin à la violation des droits fondamentaux* »[2]. On infère de là que la technique des mesures provisoires, dans l'élan de la sauvegarde, les droits des parties revêt une importance considérable. Cela principalement en raison de la nature des droits protégés[3]. En vrai, les mesures provisoires servent de support de réaffirmation de la fondamentalité des droits reconnus par la Charte Africaine des Droits de l'Homme et des Peuples[4].

124. La protection des droits fondamentaux par les mesures provisoires de la CADHP. Lecture faite des différentes études et réflexions ayant traité de la question des mesures provisoires, on note un point de convergence.

---

[1] Sandrine WATTHÉE, *Les mesures provisoires devant la Cour européenne des droits de l'Homme... Op. cit.,* p. 11.

[2] Gérard COHEN-JONATHAN, « De l'effet juridique des mesures provisoires dans certaines circonstances et de l'efficacité du droit de recours individuel : à propos de l'arrêt de la Cour de Strasbourg *Cruz Varas* du 20 mars 1991 », *Revue universelle des droits de l'homme,* 1991, p. 206.

[3] Mamadou MEITÉ, « Les mesures provisoires, une technique judiciaire de protection des droits fondamentaux de la Charte africaine des droits de l'homme et des peuples », *Op. cit.*, p. 2.

[4] *Ibidem.*

Ce point de convergence réside, dans le fait que ces travaux sont unanimes sur le fait que les mesures provisoires permettent de façon générale d'assurer la protection des droits fondamentaux des requérants. Cet aspect, de la technique des mesures provisoires, est conforté par les instruments de la Cour. À ce sujet, il est loisible de lire dans le Protocole de la CADHP que « *dans les cas d'extrême gravité ou d'urgence et lorsqu'il s'avère nécessaire d'éviter des dommages irréparables à des personnes, la Cour ordonne les mesures provisoires qu'elle juge pertinentes* »[1]. On infère ainsi de cette consécration textuelle que les mesures provisoires ont pour finalité d'éviter des dommages irréparables à des personnes. Elles ont donc, une fin protectrice qui se déploie à l'égard des requérants. Ce qui nous amène, à nous intéresser utilement avec une acuité, à la manière dont la CADHP arrive à protéger, par l'introduction de la technique des mesures provisoires, les droits fondamentaux des requérants. L'état des lieux des mesures provisoires révèle qu'elles sont une technique judiciaire qui assure la protection des droits fondamentaux de manière préventive **(CHAPITRE I).** C'est sans nul doute, ce qui donne de constater la conjugaison d'un ensemble de mécanismes au sein de la CADHP en vue de fournir un confort à ladite protection (**CHAPITRE II).**

[1] Article 29 du Protocole sur la Cour Africaine des Droits de l'Homme et des Peuples.

CHAPITRE I : UNE TECHNIQUE DE PROTECTION PRÉVENTIVE

125. La compréhension de la prévention. De prime à bord, il apparait important pour nous de préciser dans la présente étude la notion de prévention afin d'éviter tout amalgame et de permettre une meilleure compréhension de l'étude. À ce sujet, on définit les mesures préventives, en droit international général comme des « *mesures destinées à empêcher la réalisation d'un risque d'atteinte à des personnes ou des biens* »[1]. Ainsi, la prévention s'inscrit d'une manière générale dans la perspective d'éviter une atteinte irréversible à un objet particulier. Toutefois, il convient de faire une précision, car comme le relèvent Emmanuel DECAUX et Sébastien TOUZE, « *la prévention est un mot passe-partout, un mot banalisé qui est devenu flou* »[2]. Ce qui fait que même avec la définition que nous pensons pourtant bien dite, nous nous devons tout de même d'effectuer une précision importante. À ce titre, on peut se référer à l'éloquente définition que la Cour Interaméricaine des Droits de l'Homme a apportée à la définition de la notion de protection préventive afin de cerner l'élément de la précision. En fait, dans l'affaire *Velasquez Rodriguez c. Honduras*[3] la CIADH a proposé d'appréhender la notion de prévention comme le fait « *d'éviter la concrétisation d'une violation des droits devant être garantis* »[4]. Alors, on se doit donc, de dire que, la prévention ici mise en exergue

---

[1] Jean SALMON, *Dictionnaire de droit international public*, *Op. cit.*, p. 874.

[2] Emmanuel DECAUX et Sébastien TOUZE, « La prévention des violations des droits de l'Homme », *Actes du Colloque des 13 et 14 juin 2013*, Pédone, p. 8.

[3] Affaire *Velasquez Rodriguez c. Honduras*, 29 juillet 1988.

[4] Sébastien TOUZE, « La notion de prévention en droit international des droits de l'Homme », Emmanuel DECAUX et Sébastien TOUZE, *La prévention des violations des droits de l'Homme, Op. cit.*, p. 21.

ne devrait pas être entendue comme le fait d'éviter la violation d'un droit, mais plutôt comme, une action tendant à éviter que la violation des droits en question soit effective. Dès lors, traiter de la question de la prévention de la violation des droits fondamentaux par les mesures provisoires de la CADHP, c'est mettre en lumière l'idée selon laquelle, elles assurent une protection des droits de l'homme de façon anticipative. C'est ce que ne tarde de conforter Sandrine WATHÉE lorsqu'elle soutient que le second intérêt que présentent les mesures provisoires pour les juridictions internationales des droits de l'Homme « *est perceptible quant à lui dans leur capacité à protéger de manière préventive les droits de l'homme avant qu'ils ne soient violés* »[1]. On infère, tout naturellement d'une telle assertion que les mesures provisoires ont dans leur élan de protection des droits fondamentaux, une allure préventive. Préventive, dans la mesure où elles ont pour but de permettre à la Cour de réagir avant que la violation des droits en cause ne soit effectivement consommée.

126. De la complexité de la protection préventive des droits fondamentaux. Relativement à la question de la protection qu'offrent les mesures provisoires aux droits fondamentaux, la question n'est pas aussi simple. En effet, la question de la protection préventive des droits fondamentaux par la CADHP ne manque d'interroger sur les aptitudes de telles mesures à se déployer dans la physionomie juridictionnelle internationale des droits de l'Homme. En vrai, on est amené à se poser avec une acuité considérable, la question de savoir s'il entre dans les attributions de la CADHP de protéger de manière proactive les droits de l'Homme ou s'il est plutôt de leur attribution de se contenter de constater des violations déjà consommées.

---

[1] Sandrine WATTHÉE, *Les mesures provisoires devant la Cour européenne des droits de l'Homme... Op. cit.*, p. 11.

Quoiqu'il en soit, les mesures provisoires de la CADHP s'offrent à nous comme une technique de protection des droits fondamentaux qui est mise en œuvre dans une dynamique proactive **(SECTION I)** ; et dont le champ matériel est large **(SECTION II).**

SECTION I : UNE PRÉVENTION ASSURÉE DANS UNE DYNAMIQUE PROACTIVE

127. La compréhension de la proactivité. La proactivité traduisant le caractère de ce qui est proactif, c'est-à-dire, ce qui « *anticipe les attentes* »[1], on peut dans la même foulée se dire que la proactivité caractérise une chose, voire un mécanisme qui a la capacité de se déployer à un moment propice, un moment où son intervention s'avère plus qu'importante. Ainsi, la proactivité qui marque l'élan de protection des droits fondamentaux des requérants s'inscrit dans une logique d'anticipation. Ce qui sous-entend que l'élan de protection des droits fondamentaux par les mesures provisoires a pour particularité d'intervenir avant qu'il y ait une violation irréversible. C'est là, tout le sens de la prévention que permet la technique des mesures provisoires.

Alors, tout ceci ne peut manquer donc de nous amener à nous intéresser aux caractères de la proactivité **(Paragraphe 1)** qui marque la protection préventive des droits des requérants afin de mieux percevoir ses manifestations **(Paragraphe 2).**

Paragraphe 1 : Les caractères de la proactivité

128. De l'appréhension des caractères de la prévention. Il est nécessaire, dans ce paragraphe, de préciser le fil d'Ariane de la présente réflexion. La précision

[1] Dictionnaire le Robert illustré, p. 1537.

s'avère nécessaire en ce sens que, telle est la démarche pour laquelle nous avons opté pour une appréhension des caractères de la prévention. Démarche annoncée, partant de la définition de la notion de caractère qui traduit l'ensemble des éléments qui concourent à la qualification d'une chose ou d'un objet[1], on se doit de comprendre donc les caractères de la proactivité comme l'ensemble des éléments qui concourent à la formation de sa particularité. On peut loisiblement défendre que la proactivité qui caractérise l'élan de protection des droits fondamentaux par les mesures provisoires est d'un double caractère. Elle est d'abord inclusive **(A)** avant d'être prompt **(B).**

A. Le caractère inclusif de la prévention

129. Les États, piliers de la prévention de la violation des droits fondamentaux. Aborder la question de la prévention de la violation des droits de l'Homme par les mesures provisoires, c'est aussi mettre dans la perspective de la réflexion les acteurs de la prévention. En d'autres termes, c'est interroger de manière inavouée les acteurs de la prévention. En la matière, à lire les décisions de la CADHP, l'observation qui s'offre à nous est que ses décisions mettent les États au cœur de la mise en œuvre. Cela est d'autant plus conforté par les différents dispositifs présents dans les décisions de la Cour. Pour s'en convaincre, il suffit de lire le dispositif de l'affaire *Habiyalimana Augustino et Mburo Abdulkarim c. Tanzanie*[2] dans laquelle, la Cour, après avoir constaté que les requérants étaient des condamnés à mort, a affirmé que la requête pour laquelle elle avait été saisie, révélait une

[1] Gérard CORNU, *Vocabulaire juridique*, *Op. cit.*, p. 348.

[2] Cour africaine des droits de l'Homme et des peuples, Affaire *Habiyalimana Augustino et Mburo Abdulkarim c. Tanzanie*, Requête n° 015/2016.

situation d'extrême gravité ainsi qu'un risque de dommages irréparables pour ces derniers. La Cour avait donc ordonné à la Tanzanie de « *sursoir à l'application de la peine de mort* »[1]. Ce qui ne tarde de surenchérir ce que nous avons tenté de démontrer un peu plus haut, lorsque nous avons présenté les États comme les piliers de la mise en œuvre de la prévention de la violation des droits fondamentaux. Cela, dans la mesure où, sans leur partition, aucune protection préventive des droits de l'Homme ne peut connaitre une certaine effectivité. C'est au regard de ce constat que Maurice KAMTO a pu soutenir que « *dans ce domaine, l'État demeure le maillon essentiel pour la protection effective des droits de l'homme* »[2]. Ce qui vient donc, renforcer notre position quant à la prépondérance du rôle accru des États dans la réalisation de la prévention.

130. Le rôle plutôt directeur de la CADHP. Si les États apparaissent en premier plan dans la protection préventive des droits fondamentaux, la CADHP apparait quant à elle comme l'organe qui a la charge de dicter les directives à suivre pour assurer la prévention. Ainsi, on infère de là que, la CADHP, étant dans l'incapacité d'agir directement, à nécessairement besoin de s'attacher l'action des États dans le but d'accomplir parfaitement ses tâches, et en matière de mesures provisoires, cette action est d'une utilité considérable.

C'est tout ceci, qui nous amène, à dire que le caractère inclusif de la proactivité se justifie par la nécessité d'une

---

[1] Cf. Cour africaine des droits de l'Homme et des peuples, Affaire *Habiyalimana Augustino et Mburo Abdulkarim c. Tanzanie.*

[2] Maurice KAMTO, « Charte africaine, instruments internationaux de protection des droits de l'homme, constitutions nationales : articulations respectives », Jean-François FLAUSS, LAMBERT-ABDELGAWAD, (dir.), *L'application nationale de la Charte africaine des droits de l'homme et des peuples*, Bruxelles, Bruylant, 2004, p. 31.

intervention étatique **(1)**, mais une intervention étatique marquée par la bonne foi **(2).**

1. Une intervention nécessaire des États

131. Une nécessité justifiée par le cadre spatial d'exécution des mesures provisoires. S'agissant de la question de l'intervention nécessaire des États pour la mise en œuvre de la prévention de la violation des droits fondamentaux reconnus par la Charte, il est possible de justifier la nécessité en question en arguant du cadre spatial d'exécution. En fait, lorsqu'une ordonnance portant mesures provisoires est rendue par la CADHP, il s'en suit inextricablement que l'État défendeur doit mettre en jeu tous les actions et moyens nécessaires en vue de la réalisation des mesures ordonnées. L'affirmant, dans le cadre d'une étude centrée sur l'intervention nécessaire des États pour la réalisation de la prévention, c'est être mu par la volonté d'exprimer ici, l'idée qu'en dehors des actions des autorités de l'État défendeur, qu'il n'existe nulle autre voie par laquelle la prévention de la violation pourrait être assurée. Cela est d'autant plus conforté au travers d'une lecture attentive de la jurisprudence de la CADHP. En effet, dans le dispositif final de ses décisions[1], la Cour a toujours tendance à se référer aux États pour prévenir la violation effective des droits pour lesquels les requérants entendent demander protection. Cela peut s'expliquer, si l'on s'accorde pour reconnaitre que *« l'obligation de prévention découle directement du principe de subsidiarité complémentarité qui veut que les autorités nationales aient le premier rôle à jouer pour assurer la jouissance effective*

[1] Cour africaine des droits de l'Homme et des peuples, Affaire *Dexter Eddie Johnson c. Ghana,* Requête n° 016/2017.

des droits fondamentaux des personnes sous leur juridiction »[1].

Ce qui concourt donc, à conforter notre observation qui tend à considérer que le déploiement des mesures provisoires dans la dynamique de protéger proactivement les droits fondamentaux, ne peut se réaliser que si et seulement si les États concernés décident de se soumettre à l'autorité de la décision de la Cour. En définitive, il faut tout simplement retenir que, la prévention de la violation des droits fondamentaux ne peut être réalisée que si les États y sont effectivement impliqués.

132. Une nécessité accrue par la capacité d'exécution. Dans la continuité du rôle des États dans la prévention de la violation des droits fondamentaux, on peut s'autoriser à dire à ce sujet que, ce rôle repose principalement sur le constat de ce qu'en la matière, seuls les États disposent des moyens à la fois techniques et pratiques pour les mettre en œuvre au niveau interne. C'est le constat que la Cour Interaméricaine des Droits de l'Homme ne tarde de nous permettre de poser. En fait, dans l'une de ses décisions, cette Cour avait reconnu, au sujet des mesures provisoires qu'il était du ressort des États de mettre en œuvre « *tous les moyens légaux, politiques, administratifs et culturels permettant d'éviter la concrétisation d'une violation des droits devant être garantis* »[2]. Ce qui nous fait dire que, c'est le constat de la seule capacité des États à permettre une réelle prévention qui amène la CADHP à ordonner, à juste titre, à leur encontre l'obligation d'user de tous les mécanismes nécessaires pour assurer l'exécution des ordonnances qu'elle rend.

---

[1] Christelle PALLUEL, « La prévention des violations dans le droit de la Convention européenne des Droits de l'Homme : entre effectivité et efficacité », *Art. cit.*, p. 81.

[2] Cf. Cour interaméricaine des droits de l'Homme, Affaire *Velasquez Rodriguez c. Honduras*, 29 juillet 1988.

Tout ceci met en exergue le caractère indispensable des États dans la protection proactive des droits fondamentaux. Mais, en même temps, nous nous devons de nous interroger sur la question de savoir si la seule affirmation de l'indispensabilité des États suffit à la réalisation d'une protection effective des droits de l'Homme ; une bonne foi de la part des États n'est-elle pas nécessaire ?

2. Une bonne foi nécessaire des États

133. Le concept de la bonne foi dans le contentieux international. Déjà, on se doit de faire remarquer que, la bonne foi n'est pas un concept totalement rattaché à la question des traités et contrats internationaux. Dans la perspective du règlement pacifique des différends, elle constitue un pilier indispensable. On ne s'étonne guère donc de voir Louis DELBEZ soutenir que « *toute la matière du règlement pacifique des conflits est dominée par l'idée de bonne foi* »[1]. C'est ce qui nous fait ainsi comprendre ce que l'agent du Honduras, Paul DE VISSCHER avait essayé de dégager dans sa plaidoirie en l'affaire relative à la sentence arbitrale rendue par le Roi d'Espagne, le 23 décembre 1906. Dans sa plaidoirie, ce dernier avait affirmé que « dès *l'instant où deux États s'engagent à régler un différend sur la base du droit et à l'intervention d'un juge, ils se condamnent à la plus entière loyauté. Dès ce moment, ils doivent savoir que leurs déclarations, leurs attitudes, leurs comportements pourront être retenus contre eux. La justice, à la différence de la politique, ne s'accommode pas de faux-fuyants, de déclarations équivoques, de réserves mentales. La justice vit de sécurité...* »[2]. Ce qui nous fait donc dire que, dans le

---

[1] Louis DELBEZ, *Les principes généraux du droit international public*, Paris, 3e édition, 1964, p. 41.

[2] Cité dans Robert KOLB, « Partie V. La bonne foi dans le droit du règlement pacifique des différends internationaux », *La bonne foi en*

contentieux international, les États sont tenus à un comportement particulier qui les astreints donc, à démontrer leur volonté d'aboutir à un règlement efficace du différend. C'est peut-être là toute l'opportunité du règlement pacifique des différends internationaux.

134. Un concept perçu comme une obligation en vertu de la Charte. L'idée que nous voulons aborder ici est d'une particularité. Particularité, dans la mesure où même si l'idée apparait foncièrement connue de tous, elle n'est cependant pas mise en rapport avec la question de la prévention. En effet, la question de l'exécution des mesures ordonnées par la CADHP s'inscrit dans la perspective d'une obligation générale qui trouve son fondement dans la Charte Africaine des Droits de l'Homme et des Peuples. En fait, à lire le préambule de la Charte, il est donné de lire que les États sont « *fermement convaincus de leur devoir d'assurer la promotion et la protection des droits et libertés de l'homme et des peuples* »[1]. Ce qui nous faire dire que, l'adhésion par les États à la Charte emporte donc une obligation pour ces derniers de se soumettre à toutes les mesures nécessaires à la réalisation de ses objectifs, buts et principes. C'est d'ailleurs, ce que ne tarde de relever la Commission Africaine des Droits de l'Homme et des Peuples qui n'a manqué d'avertir en affirmant que « *la charte africaine a été élaborée et a reçu l'adhésion volontaire des États africains désireux d'assurer le respect des droits de l'Homme sur le continent. Une fois ratifiée, les États parties à la Charte sont légalement liés par ses dispositions. Un État qui ne veut pas respecter la Charte aurait dû ne pas la ratifier. Une fois légalement lié, l'État doit respecter la*

droit international public : Contribution à l'étude des principes généraux de droit, Genève : Graduate Institute Publications, 2000, p. 591.

[1] Charte Africaine des Droits de l'Homme et des Peuples.

loi »[1]. Ce qui conduit à noter que, la question de l'intervention nécessaire des États peut être interprétée comme soutenue par une obligation qui s'impose tout naturellement aux États, cela en raison du fait qu'en souscrivant à la Charte, ces derniers se sont par le même mouvement obligés à mettre en œuvre toutes les mesures nécessaires à la bonne application, de ces droits. Ce qui est tout à fait juste avec la question des mesures provisoires, puisqu'en la matière, les droits fondamentaux dont on veut prévenir la violation ne sont rien d'autres que les droits reconnus et consacrés par la Charte. Cela met en exergue, le rôle prépondérant qu'ont les États dans la réalisation de la prévention de la violation des droits fondamentaux. Cependant, même si cette caractéristique est indéniable à la proactivité qui particularise les mesures provisoires, il n'en demeure pas moins qu'elle n'est pas le seul caractère. *Quid* donc de la promptitude que présente la proactivité ?

B. Le caractère prompt de la prévention

135. Une promptitude favorisant l'application des mesures d'urgence. L'idée centrale mise en avant ici est axée sur la démonstration de ce que la promptitude qui caractérise les mesures provisoires de la CADHP est de telle nature qu'elle rend favorable leur application. Cela est d'autant plus rendu possible par leur mouvement anticipatif.

La notion de promptitude étant le caractère de ce qui *« survient vite ou se fait en peu de temps »*[2], on entend donc, mettre ici en exergue l'idée selon laquelle, la proactivité qui caractérise la prévention de la violation des droits fondamentaux par les mesures provisoires présente en plus de son caractère inclusif, un autre caractère qui tend à lui

---

[1] *Communications 137/94,* Commission Africaine des Droits de l'Homme et des Peuples.

[2] Dictionnaire le Robert illustré, p. 1637.

attribuer une certaine promptitude. Ainsi, convient-il d'éclairer la manière dont la promptitude qui caractérise la dimension proactive des mesures provisoires de la CADHP se réalise. Autrement dit, il s'agira d'étaler les différentes temporalités de la promptitude de la technique des mesures provisoires. Il est possible d'écrire que, la promptitude dans l'intervention est particulière dans la mesure où, elle intervient avant la violation des droits fondamentaux **(1)** et qu'elle peut être systématiquement actionnée par les juges **(2)**.

1. Une intervention effectuée avant une violation irréparable des droits fondamentaux

136. Une intervention avant la décision au fond. La promptitude annoncée au sujet de la prévention s'inscrit dans l'idée générale de ce que les mesures provisoires de la CADHP permettent une action anticipative. Une action destinée à éviter que soit attendue la décision au fond pour que, le constat de la violation ou de la possible violation des droits de l'Homme soit constatée par la Cour. C'est en cela que réside toute l'idée de la promptitude. En fait, il faut souligner que la promptitude dont il est ici question provient de ce que, le juge de la CADHP jouit d'un mécanisme qui lui permet d'intervenir, lorsqu'il est saisi d'un litige afin de ne pas rendre inutile l'examen au fond de la requête. Il jouit ainsi de la capacité de se prononcer sur la question de savoir s'il existe donc un risque de violation irrémédiable des droits fondamentaux des requérants. Cela, sans avoir à suivre la procédure normale, voir classique d'examen des requêtes. En effet, les juges de la CADHP peuvent par le jeu de la technique des mesures provisoires ordonner aux parties au litige, en général à la partie défenderesse, un comportement particulier ayant pour finalité de faciliter la protection un peu plus tard lors de l'examen au fond, des droits dont le requérant allègue la violation.

137. Une intervention ayant pour but d'éviter une violation effective. À la suite de l'idée selon laquelle l'intervention du juge avant la violation des droits des requérants s'effectue avant la décision au fond en vue de la facilitation de cette dernière, on note une autre information qui ne manque de plaire. Il s'agit du fait, que l'intervention qu'effectue le juge de manière préventive a pour but « *d'éviter la concrétisation d'une violation des droits devant être garantis* »[1]. C'est également ce que confirme la décision rendue par la CADHP dans l'affaire *Guillaume Soro et Autres c. Côte d'Ivoire.* En effet, les juges de la CADHP, partant de ce qu'avait été prononcé à l'encontre de Guillaume SORO, un mandat d'arrêt, ont affirmé que pour ce dernier qui s'était « *déjà pressentie à la compétition électorale, le mandat d'arrêt, si exécuté risquerait de compromettre gravement l'exercice des libertés et droits politiques des requérants* »[2]. On infère donc de cette affaire de la CADHP que par le biais de la technique des mesures provisoires, elle arrive de manière prompte à anticiper la violation des droits reconnus par la Charte, un instrument dont elle a la charge de surveiller.

Cela ne manque de nous convaincre de ce dont la promptitude qui s'attache à l'élan de prévention de la violation des droits fondamentaux prévus par la Charte est marquée par une intervention effectuée avant la violation irréparable des droits fondamentaux. Mais, il convient de relever qu'à cela s'ajoute une autre particularité, le mécanisme du relevé d'office.

---

[1] Sébastien TOUZE, « La notion de prévention en droit international des droits de l'Homme », *Art. cit.*, p. 21.

[2] Cour africaine des droits de l'Homme et des peuples, Affaire *Guillaume SORO et Autres c. Côte d'Ivoire,* Requête n° 012/2020.

2. Une intervention actionnable par la technique du relevé d'office

138. Un mécanisme difficilement admis. Traitant, de la question du relevé d'office au sujet des mesures provisoires, de manière spontanée, les discussions qui ont eu lieu autour de la CIJ ne peuvent manquer d'attirer notre attention, car importantes. En effet, dans la continuité du mouvement, quand s'était posée la question de savoir si relativement aux mesures provisoires telles que consacrées par l'article 41 du Statut de la Cour Internationale de Justice ; cette dernière devait recevoir une habilitation à prononcer de telles mesures, s'en était suivie de longues discussions. En effet, pour d'aucuns, il fallait nécessairement reconnaitre comme inhérent à la Cour, la technique du relevé d'office, car perçu comme un pouvoir nécessaire, voir directement issu de sa fonction judiciaire. À leur opposé, les tenants de la thèse contraire soutenaient qu'il s'agissait d'un pouvoir incident à la compétence sur les droits et devoirs de fond des parties. Mais, finalement, en raison de son approbation majoritaire, c'est la thèse qui militait en faveur de la considération de la technique du relevé d'office qui a fini par l'emporter.

139. Une technique inhérente à la CADHP. Dans le cadre de la présente réflexion, on entend développer une idée qui particulièrement n'échappe à l'œil attentif des chercheurs et observateurs qui s'intéressent de près aux juridictions internationales, plus précisément de celles intervenant en matière des droits de l'Homme. Ainsi, relativement à la question de la prévention des droits fondamentaux par la technique des mesures provisoires, il est concevable de faire remarquer que, les juges disposent en la matière, de prérogatives qui leur permettent, même sans avoir été saisis par l'une des parties au litige à ce sujet, de prononcer des mesures destinées à prévenir une violation irréversible des droits des parties à l'instance. En effet, cette faculté de la Cour est rendue possible par les instruments qui la consacrent. En vrai, tout réside dans la formulation utilisée dans les instruments de la Cour. À cet effet, dans le Règlement intérieur de la Cour, il est loisible de lire que « *la Cour peut ordonner les mesures provisoires qu'elle juge pertinentes, en attendant de statuer sur la requête principale* »[1]. Cette formule, par son caractère imprécis, fait que l'on n'est pas vraiment situé sur le fait que les mesures provisoires peuvent être prononcées d'office par les juges de la CADHP ou si de telles mesures nécessitent que la Cour soit particulièrement saisie à cet effet. Même si, ce caractère lacunaire des textes concourt à l'instauration d'un cadre d'incertitude, la Cour s'est elle-même attribué cette compétence par déduction. Cela est d'autant plus vrai, dans la mesure où pour la Cour, elle « *peut d'office ordonner des mesures provisoires dans les cas d'extrême gravité et lorsqu'il s'avère nécessaire d'éviter des dommages irréparables à des personnes* »[2]. Ce qui a pour conséquence d'éteindre tout doute relativement au caractère inhérent de la technique du relevé d'office. Cela ne saurait être contesté dans la mesure où la lecture de la jurisprudence de la Cour au sujet de la technique nous permet d'affirmer que la tendance est unanime quant à la possibilité pour les juges de prononcer *proprio motu* des mesures qui visent à prévenir des violations éventuelles des droits dont elle en la charge et la garantie.

Tout ceci, nous permet de comprendre que, la prévention de la violation des droits fondamentaux peut être actionnée directement par les juges de la CADHP. Alors, dans la continuité de la compréhension des rouages de la

---

[1] Règle 59 du règlement intérieur de la Cour précité.

[2] Cour africaine des droits de l'Homme et des peuples, Affaire *Chrizant John c. Tanzanie*, Requête n° 049/2016.

proactivité ici abordée, il convient de s'intéresser à ses différentes manifestations.

Paragraphe 2 : Les manifestations de la proactivité

140. La compréhension de l'idée des manifestations de la proactivité. Ayant étudié les caractères de la proactivité qui caractérisent les mesures provisoires de la CADHP, nous pensons qu'il serait logique de mettre en exergue les modalités suivant lesquelles la proactivité ainsi énoncée s'applique concrètement. C'est le sens que nous donnons à la question de la manifestation de la proactivité. Ainsi, il est important de relever que dans ses manifestations, la proactivité impose de manière anticipative des obligations de prévention aux États **(A)**, lesquelles se matérialisent par une variabilité de comportements imposés **(B).**

A. L'imposition anticipative d'obligations de prévention

141. La notion d'obligation. Dans la continuité de la démarche adoptée jusque-là, il convient de procéder à une définition de la notion d'obligation. Le moins que l'on puisse être admis à dire à son sujet, c'est qu'elle n'est pas une notion qui échappe au langage et à la technicité du droit. Dans un premier élan d'appréhension, la notion d'obligation se présente à nous comme un *« lien de droit unissant le créancier au débiteur. Étant un lien de droit, elle peut être l'objet d'une sanction étatique : elle n'est pas seulement morale comme le sont les obligations naturelles. Plus précisément, il y a obligation quand une personne (le créancier) peut juridiquement exiger d'une autre (le débiteur) une prestation (verser tel prix ; délivrer telle* *chose ; accomplir telle tâche)* »[1]. Ce qui nous amène à dire avec Gérard CORNU que l'obligation est un « *lien de droit (vinculum juris) par lequel une ou plusieurs personnes (le ou les débiteurs) sont tenues d'une prestation (fait ou abstention) envers une ou plusieurs autres (le ou les créanciers)* »[2].

142. Des obligations variées. Au sujet, de l'imposition anticipative d'obligations de prévention, il convient de remarquer que les obligations qu'imposent la CADHP pour parvenir à la protection préventive des droits fondamentaux, ne sont des obligations multi-centrées, uniformes, et donc, à une seule facette. En effet, elles se déclinent en une variété de comportements imposables. En conséquence, dans l'élan d'assurer la protection des droits de l'Homme de manière préventive, la CADHP dispose de plus d'une astuce[3]. Elle peut imposer aux États soit des obligations de faire **(1)** soit des obligations de ne pas faire **(2).** Il s'agira donc pour nous de tenter une systématisation de ces différentes situations, afin de voir les matières pour lesquelles les obligations de faire sont prononcées et celles pour lesquelles l'on retrouve des obligations de ne pas faire.

1. Une obligation de faire

143. Une obligation nécessitant une action précise de la part de l'État défendeur. Il importe déjà d'appréhender la notion d'obligation de faire, afin de mieux percevoir comment se présente les obligations de faire que la CADHP peut imposer aux États défendeurs. À ce titre, on propose d'appréhender la notion d'obligation de faire, comme une

[1] Philippe MALAURIE (dir.), Laurent AYNÈS et Philippe STOFFEL-MUNCK, *Droit des obligations*, L.G.D.J. Lextenso 8e édition, 2016, p. 86.
[2] Gérard CORNU, *Vocabulaire juridique*, *Op. cit.*, p. 1486.
[3] Mamadou MEITÉ, « Les mesures provisoires, une technique… », *Art. cit.*, p. 4.

contrainte qui consiste « *à accomplir une prestation (par exemple, construire un bâtiment). Lorsqu'elle vise à mettre en œuvre un talent particulier au débiteur (par exemple, peindre un portrait), elle n'est pas susceptible d'exécution forcée ; en cas d'inexécution, le créancier a pour seul droit d'obtenir des dommages-intérêts, alors qu'en règle générale il peut poursuivre l'exécution en nature de l'obligation* »[1]. Ce qui nous fait donc dire qu'une obligation de faire est avant toute considération une obligation positive. C'est-à-dire une obligation qui nécessite l'accomplissement de certains actes, d'actes concrets. Ainsi, traiter de la question des obligations de faire, en tant que des obligations qui nécessitent des interventions de la part des États défendeurs, c'est dire tout simplement que, de telles obligations impliquent nécessairement que l'État en question mette en œuvre un ensemble d'actions et de moyens pour parvenir à la réalisation d'un objectif spécifique[2]. Lequel objectif n'est rien d'autre que celui qui aura été dicté par la CADHP. Pour Sébastien TOUZÉ, il s'agit d'une « *obligation de comportement positif* »[3]. C'est d'ailleurs, ce constat que l'on pose aisément avec l'affaire *Commission Africaine des Droits de l'Homme et des Peuples c. Kenya*. Dans ladite affaire, la Cour ayant posé le constat d'une situation d'urgence et d'un risque de préjudice irréparable avait abouti au prononcé à l'encontre du Kenya, d'une obligation de « *remettre en vigueur avec effet immédiat les restrictions qu'il avait imposées concernant les transactions foncières dans le complexe de*

---

[1] Philippe MALAURIE (dir.), Laurent AYNÈS et Philippe STOFFEL-MUNCK, *Droit des obligations*, *Op. cit.*, p. 86.

[2] Mamadou MEITÉ, « Les mesures provisoires, une technique… », *Art. cit.*, p. 4.

[3] Sébastien TOUZÉ, « La notion de prévention en droit international des droits de l'Homme », *Art. cit.*, p. 26.

la forêt de Mau»[1]. Cela traduit la dynamique des obligations de faire que peut prononcer la CADHP. Mais, tout n'est pas aussi simple et linéaire.

144. Des difficultés posées par les obligations de faire. S'agissant de l'exécution par les États de leurs obligations, surtout celles de faire, on note une certaine complexification dans leur réalisation. Cette complexification, ici mise en exergue, n'est pas quelque chose de très courant dans la littérature des mesures provisoires, pourtant, à regarder minutieusement les situations dans lesquelles certains États ont observé une certaine réticence à exécuter certaines mesures ordonnées, le constat s'impose. En effet, il est donné de lire qu'en général les décisions qui ne sont pas respectées par les États sont celles qui impliquent la réalisation par eux d'actes positifs. Ce qui nous fait donc comprendre que, la réalisation des obligations de faire, prononcés par la CADHP sont d'une complexité qui ne rend pas facile la dynamique proactive des mesures provisoires. C'est d'ailleurs, ce que ne manque pas de renforcer l'affaire relative à la *Commission Africaine des Droits de l'Homme et des Peuples c. Kenya*[2]. En effet, dans ladite affaire, l'État du Kenya avait fini par ne pas exécuter la décision de la Cour. Tout ceci, pour dire que relativement aux obligations de faire, la technicité et les implications qui s'attachent très souvent à leur exécution font que certains États ont tendance à ne pas s'y conformer. C'est ce que le juge Rafaâ BEN ACHOUR essayait de mettre en exergue quand il affirmait que lorsqu'il « *s'agit par exemple pour l'État défendeur d'engager un processus législatif ou un autre processus similaire, il est évident que ce dernier aura*

[1] Cour africaine des droits de l'Homme et des peuples, Affaire Commission Africaine des Droits de l'Homme et des Peuples c. Kenya, Requête 006/2012.

[2] *Ibidem.*

besoin d'un temps relativement long pour faire aboutir un tel processus »[1].

Si au terme de la présente étude, on retient que les obligations de faire ne sont facilement pas exécutées par les États, qu'en est-il des obligations de ne pas faire ?

2. Une obligation de ne pas faire

145. Une obligation impliquant une abstention. Relativement à l'obligation de ne pas faire, on propose de la comprendre comme une contrainte qui « consiste *à s'abstenir de certains actes (par exemple, celle qui pèse sur le cédant d'un fonds de commerce de ne pas faire concurrence au cessionnaire) »*[2]. Ainsi, on retient donc que, les obligations de ne pas faire, prononcées par la CADHP consistent en des obligations qui imposent aux États de s'abstenir de procéder à la réalisation d'un acte particulier.

146. Une obligation facilement réalisable. Les obligations de ne pas faire, prononcées par la CADHP sont les obligations dont la réalisation est plus aisée, dans la mesure où, comme le relève le juge Rafaâ BEN ACHOUR, dans le cadre de la réalisation d'obligation de ne pas faire, *« il s'agit simplement de s'abstenir de faire quelque chose, ou de faire quelque chose de facile, tel que permettre au requérant d'accéder aux soins médicaux, à un avocat, ou de recevoir des visites des membres de sa famille »*[3]. Cela est d'autant plus indéniable, en raison de la consistance même de l'obligation qui enserre l'État, puisque de manière

---

[1] Opinion partiellement dissidente des juges Gérard NIYUNGEKO et Rafaâ BEN ACHOUR jointe à l'ordonnance en indication de mesures provisoires *Dexter Eddie Johnson c. Ghana* (Requête n° 016/2017).

[2] Philippe MALAURIE, Laurent AYNÈS, Philippe STOFFEL-MUNCK, Droit des obligations… *Op.cit.,* p. 86.

[3] Cf. Opinion partiellement dissidente des juges Gérard NIYUNGEKO et Rafaâ BEN ACHOUR jointe à l'ordonnance en indication de mesures provisoires *Dexter Eddie Johnson c. Ghana.*

générale, ces obligations de ne pas faire consistent pour les États de juste s'abstenir de faire quelque chose. Une telle action ne nécessite donc pas l'implication de grands moyens. Elles peuvent donc être exécutées à la minute. C'est peut-être la raison pour laquelle, la Cour Européenne des Droits de l'Homme a admis pour la réalisation d'obligations de prévention comme celle du sursis à exécution de la peine de mort, que « *lorsque la vie et la santé sont en jeu, même les assurances diplomatiques sont inopérantes et que l'application de la mesure provisoire est immédiate, urgente et à la minute près* »[1]. Ce qui ne manque donc de conforter le raisonnement ainsi avancé et qui veut que l'exécution des obligations de ne pas faire s'inscrive en général dans une dynamique qui veut qu'elles ne soient pas compliquées à exécuter. On comprend dès lors, ce qui a amené le Professeur Sébastien TOUZÉ à considérer une telle obligation comme « *obligation de résultat négatif* »[2]. En définitive, on retient de façon générale que l'imposition anticipative d'obligations aux États pour prévenir la violation des droits fondamentaux se fait en deux temporalités. Mais, il convient de s'interroger sur la variabilité des comportements qui en découlent.

B. La variabilité constatable des comportements imposés

147. Une variabilité permise par les instruments de la Cour. De la variabilité permise par les instruments de la Cour dont nous entendons traiter, il faut comprendre que s'il existe des comportements variés qui peuvent être imposés aux États dans le but de garantir la prévention de la violation des droits fondamentaux des requérants, cela

---

[1] *Idem.*

[2] Sébastien TOUZÉ, « La notion de prévention en droit international des droits de l'Homme », *Art. cit.*, p. 26.

résulte du fait qu'il n'y a expressément pas de comportement type prévu par les textes de la Cour. Ce qui fait qu'on se retrouve avec une variété de comportements imposables **(1)**, laquelle se caractérise par le fait qu'elle est mue par la recherche de l'effectivité **(2).**

1. La multi-dimensionnalité des comportements imposables

148. Une multi dimensionnalité justifiée. La multi-dimensionnalité des comportements qui découlent des obligations imposées par la CADHP est justifiée dans le sens qu'elle permet une certaine efficacité du mécanisme. En effet, la variété des violations possibles des droits de l'Homme impose une réactivité qui serait à même de pouvoir contenir toutes ces violations. Ce qui fait que les obligations imposées par la CADHP ne peuvent que varier en fonction des droits qui sont en jeu et aussi de l'imminence de la violation. On peut donc, dans cette partie, tenter une certaine systématisation de tous les types de comportement que la CADHP a pu prononcer à l'encontre des États, dans sa jurisprudence relative aux mesures provisoires. Mais, le moins que l'on puisse dire, est que cette multi dimensionnalité est propice au développement et à la perfection de la technique des mesures provisoires.

149. Des comportements adaptés aux situations pendantes. Même si, l'on note une certaine diversité au sujet des comportements dictés par la CADHP au sujet des mesures provisoires, on peut tout de même être fondé à dire que de tels comportements répondent parfaitement aux besoins des faits. En fait, on le dit, parce que la CADHP avant de se prononcer sur une question utilise des méthodes d'appréciation.
Tout ceci concourt à la démonstration de la multi dimensionnalité des comportements qui sont imposés par la

CADHP aux États défendeurs. Mais, cela n'est pas sans intérêt. En fait, cette variabilité est mue par la recherche de la prévention effective des droits fondamentaux.

2. Une variabilité à la recherche de l'effectivité

150. L'effectivité, but de la variabilité des comportements imposés par la CADHP. Il s'avère important pour débuter d'expliquer la notion d'effectivité. On peut l'appréhender comme « *l'ensemble des cas dans lesquels le droit est utilisé* »[1]. À lire la jurisprudence de la CADHP, partant de la définition de l'effectivité et analysant les différentes questions liées à la variété des comportements par lesquels la Cour assure la prévention des violations aux droits de l'Homme, on peut facilement admettre que l'effectivité est le but recherché par la CADHP. Cela est d'autant plus vrai dans la mesure où, la lecture de sa jurisprudence permet de constater que, les ordonnances portant mesures provisoires sont sur mesures, car étant ordonnées en fonction des droits en jeu.

151. La réaffirmation de l'utilité de la méthodologie de la CADHP. Cette recherche de l'effectivité ainsi annoncée et qui est au cœur donc de la variété des comportements imposables aux États permet de réaffirmer la bonne adéquation voire la bonne mise en place de la méthodologie des mesures provisoires. Cela est d'autant plus vrai, dans la mesure où, réflexion faite, c'est au travers de la méthodologie mise en place par la CADHP, notamment les techniques d'appréciation et de raisonnement que la recherche de l'effectivité ici entamée par la variabilité des comportements issus des obligations

---

[1] Christophe MINCKE, « Effets, effectivité, efficience et efficacité du droit : le pôle réaliste de la validité », *Revue interdisciplinaire d'études juridiques*, volume. 40, n° 1, 1998, p. 121.

de prévention prend tout son espoir. Ce qui ne manque donc, de dire que tout l'honneur de la sauvegarde des droits des parties repose en théorie sur le bon travail et l'audace tant importante des juges de la CADHP.

En définitive, on retient que la proactivité qui justifie la prévention de la violation irréparable des droits de l'Homme impose d'apercevoir une certaine variété de comportements imposables dans la seule fin de la recherche d'une effectivité.

À cette proactivité qui donne du tonus à la dynamique de la prévention, le champ matériel de protection, par son caractère large, permet également une meilleure protection préventive des droits de l'Homme.

SECTION II : UNE PRÉVENTION ÉLARGIE PAR LE CHAMP MATÉRIEL D'APPLICATION

152. La notion de champ matériel. Pour une meilleure compréhension de la question du caractère large du champ matériel de la prévention, il convient de s'interroger d'abord sur la compréhension même de la notion de champ matériel. À ce sujet, on propose d'appréhender la notion de champ matériel d'application comme l'ensemble des matières auxquelles s'appliquent des règles particulières. C'est donc, on peut le dire, le « *domaine d'application d'une règle (loi ou système juridique)* »[1]. Ainsi, traiter du champ matériel de la prévention de la violation des droits fondamentaux, c'est mettre à nu les matières sur lesquelles intervient la prévention. Autrement dit, il s'agit d'étudier les droits dont la prévention de la violation est assurée.

153. Les caractères du champ matériel d'application. Si la notion de champ matériel d'application semble désormais claire, il est tout de même important de mettre en exergue le caractère de ce champ. Le désirant, l'on

---

[1] Gérard CORNU, *Vocabulaire juridique*, *Op. cit.*, p. 191.

s'empresse d'écrire avec vigueur que le champ matériel de protection est large. Large, dans la mesure où, elle prend en compte un grand nombre de droits fondamentaux. Cette largeur qui caractérise le champ matériel d'application des mesures provisoires est d'autant plus constatable au travers des instruments de la Cour. En effet, à lire le Protocole sur la Cour, il est admissible de souligner avec une lisibilité éclairante que : « *La Cour a compétence pour connaître de toutes les affaires et de tous les différends dont elle est saisie concernant l'interprétation et l'application de la Charte, du présent Protocole, et de tout autre instrument pertinent relatif aux droits de l'Homme et ratifié par les États concernés* »[1]. On comprend, dès lors, que les juges de la CADHP peuvent toucher à une variété de droits dans l'examen d'une demande en indication de mesures provisoires. Ce qui nous amène donc à considérer qu'il y'a une sorte de juxtaposition des droits protégeables **(Paragraphe 1).** Cependant, si l'idée de la juxtaposition est censée impliquer une certaine absence d'hiérarchie entre les droits fondamentaux, il est possible de remarquer dans la jurisprudence de la CADHP, une propension des juges à la hiérarchisation des droits **(Paragraphe 2).**

Paragraphe 1 : Une juxtaposition initiale des droits protégeables dans les textes

154. L'idée de la juxtaposition des droits protégeables. Que faut-il comprendre par la juxtaposition des droits protégeables ? Déjà, il faut constater d'emblée que la juxtaposition n'est pas une notion qui est propre au langage juridique. Pour l'appréhender, on se doit d'utiliser les dictionnaires ordinaires de langue française. La notion de juxtaposition doit être comprise comme l'« *action de*

[1] Article 3 du Protocole sur la Cour africaine des droits de l'Homme et des Peuples.

juxtaposer »[1], c'est-à-dire l'action de « *poser côte à côte* »[2]. Ainsi, la juxtaposition ici annoncée des droits qui peuvent être protégés préventivement doit être entendue comme le constat de ce que dans les instruments de la CADHP, l'on note de manière remarquable qu'il y'a une superposition des droits protégeables. Une superposition pour en vrai insister sur le fait que les droits que consacre la Charte et qui peuvent faire l'objet d'une protection sont variés **(A),** car provenant de diverses sources. De plus, dans la même perspective, on ne peut véritablement manquer de relever que malgré cette variation, aucune hiérarchie n'a été instituée entre ces droits par la Charte **(B).**

A. La variété des droits protégeables

155. Une variété permise par le Protocole de la CADHP. Dès le moment où, l'on s'intéresse à la question du champ matériel sur lequel est susceptible de se déployer la prévention, on est aussitôt ramené à la Charte Africaine des Droits de l'Homme et des Peuples. C'est elle qui est le support du champ matériel de compétence de la CADHP. Lecture faite, il est permis de constater que le champ matériel couvert dans le cadre des mesures provisoires est typiquement le même que celui du contentieux au fond. En effet, à la lecture du Protocole sur la Cour, on note premièrement que « *la Cour a compétence pour connaître de toutes les affaires et de tous les différends dont elle est saisie concernant l'interprétation et l'application de la Charte, du présent Protocole, et de tout autre instrument pertinent relatif aux droits de l'homme et ratifié par les États concernés* »[3]. Cet article du Protocole ne faisant aucunement une distinction quant à la considération d'une

[1] Dictionnaire le Robert illustré*, Op. cit.*, p. 1197.
[2] *Ibidem.*
[3] Article 3 du Protocole sur la Cour Africaine des Droits de l'Homme et des Peuples.

éventuelle compétence différée ; c'est-à-dire d'une mutation possible de compétence selon que l'on se trouve dans une procédure de fond ou incidente. Et puisque *ubi lex non distinguit nec nos distinguere debemus*[1] alors, on se doit de dire que dans la prévention de la violation des droits fondamentaux, les juges de la CADHP peuvent prévenir la violation de tout droit, pourvu simplement que l'État défendeur soit partie à l'instrument qui le consacre. Dans la même dynamique, on constate que le caractère extensif de cette disposition est confirmé par l'article 7 dudit protocole, qui prévoit que la CADHP « *applique les dispositions de la Charte ainsi que tout autre instrument pertinent relatif aux droits de l'homme et ratifié par l'État concerné* »[2]. Ce qui ne manque donc de nous faire constater la variété annoncée dans le champ matériel de protection des mesures provisoires.

156. Une variété, source de la particularité du système africain de protection des droits de l'Homme. La variété des droits protégeables par les juges de la CADHP par le biais de la technique des mesures provisoires est une donnée qui fait la particularité du système africain de protection des droits de l'Homme. En effet, contrairement aux autres mécanismes régionaux de protection des droits de l'Homme[3], le système africain de protection des droits fondamentaux apparait comme un

[1] Il est interdit de distinguer là où la loi ne distingue pas.

[2] Cf. Article 7 du Protocole sur la Cour.

[3] Il est permis de relever que, la CADHP se démarque de la CEDH à ce sujet. En fait, les instruments Européens ont juste doté la Cour Européenne de la seule compétence de connaitre des affaires en lien avec la Convention Européenne des Droits de l'Homme et ses protocoles. Pareil constat est aussi transposable avec la Cour Interaméricaine des Droits de l'Homme. Ainsi, en dehors de ce cadre matériel, ces Cours n'ont compétence matérielle pour connaitre d'affaire en lien avec l'application et l'interprétation des instruments étrangers à leur cadre géographique.

système ouvert, dans la mesure où, en plus de protéger les droits reconnus et consacrés par la Charte, la Cour a reçu compétence pour connaitre de toutes les affaires intéressant les droits de l'Homme. On se doit donc de comprendre qu'elle « *peut interpréter et appliquer non seulement le protocole, son acte constitutif, mais aussi tout autre instrument conventionnel relatif aux droits de l'Homme dont est partie l'État concerné* »[1]. C'est ce qui achève de démontrer la particularité du système africain de protection des droits de l'Homme. Cette variété se caractérise par le fait que les droits protégeables par la Cour se retrouvent non seulement, dans la Charte **(1)**, mais aussi, en dehors de la Charte **(2).**

1. Les Droits dans la Charte

157. Une combinaison des Droits individuels et collectifs dans la Charte. De la lecture de la Charte Africaine des Droits de l'Homme et des Peuples, on constate une donnée particulière. Il s'agit de la combinaison de droits collectifs et individuels dans la Charte. Cette combinaison avait été perçue par la doctrine comme un élément qui concourt à la caractérisation de son originalité. On a même pu lire à ce sujet ceci : « *Originalité, car, pour la première fois dans l'histoire des textes internationaux intervenus en matière de droits de l'homme et dans celle du droit international, on a allié les droits de l'individu avec ceux du peuple* »[2]. Ainsi donc, on note que dans la Charte,

---

[1] Honoré BANIDJE, Tiré sur le Site internet :https://www.researchgate.net/publication/350241484_La_Cour_Africaine_des_Droits_de_l%27Homme_et_de_Peuples_Genese_et_vie?enrichId=rgreq-d034364e30fb9ddd0b0eb1b72180b07b-XXX&enrichSource=Y292ZXJQYWdlOzM1MDI0MTQ4NDtBUzoxMDAzOTM3OTg1NDYyMjcyQDE2MTYzNjg4NzYyMTg%3D&el=1_x_2&_esc=publicationCoverPdf.Consulté le 21/04/2022.

[2] Alioune Badara FALL, « La Charte africaine des droits de l'homme et des peuples… » *Art. cit.*, p. 86.

il y'a une certaine coexistence de droits individuels et collectifs. On peut également dans le même élan, s'aligner sur la pensée du professeur Alioune Badara FALL pour dire que « *les rédacteurs de la Charte ont eu en effet le souci de s'intéresser à la fois aux droits de l'Homme, personne humaine, et aux droits des peuples en tant que ceux-ci constituent des collectivités d'individus* ». Ce qui fait que, la Charte s'est retrouvée être un condensé de droits individuels et de droits collectifs. Bien entendu, la collectivité ici annoncée devrait être entendue comme le peuple dans son entièreté. Suivant cette interprétation, on perçoit dans la Charte avec autant de lisibilité une certaine diversité de droits, allant donc de simples droits reconnus aux individus à des droits plus généraux, des droits consacrés comme communs à la toute la communauté. À ce sujet, la Charte a eu le mérite de regrouper dans « *un même document les droits civils et politiques d'une part, les droits économiques, sociaux et culturels d'autre part* »[1]. Cette combinaison a été particulièrement une réussite qui n'a pas manqué de séduire les spécialistes du contentieux international[2].

158. Les impacts de la combinaison sur les mesures provisoires. La consécration de la double dimension qui caractérise les droits fondamentaux consacrés par la Charte n'est pas sans effet sur la technique des mesures provisoires. Cela est d'autant vrai dans la mesure où, devant la CADHP, cette juxtaposition des droits collectifs et individuels est encore plus stimulante quand elle est mise en rapport avec la technique des mesures provisoires. En ce sens qu'il ne s'agira plus uniquement de droits fondamentaux à caractère individuel qui pourront être

---

[1] *Ibidem.*

[2] Paul-François GONIDEC, « Un espoir pour l'homme et les peuples africains ? La Charte africaine des droits de l'homme et des peuples », *Le Mois en Afrique*, juin-juillet 1983, p. 26.

protégés par la Cour. En fait, en plus de la prévention des droits individuels, la prévention de la violation des droits des peuples reconnus par la Charte pourra également être assurée par les juges de la CADHP.
Au terme, de l'étude des droits de la Charte qui pouvaient faire l'objet d'une protection préventive via la technique des mesures provisoires, nous notons que cette combinaison de droits individuels et de droits collectifs est plutôt favorable. Cependant, comme nous l'avions relevé, les droits protégeables sont également en dehors de la Charte.

2. Les Droits en dehors de la Charte

159. Les textes de caractère universel. Comme nous l'avions indiqué, le champ matériel d'application des mesures provisoires n'est pas limité à la seule Charte. En dehors de la Charte se trouve une panoplie de textes qui peuvent servir de fondement à la Cour lorsqu'elle examine une requête en indication de mesures provisoires. Parmi ces textes, partant d'une classification, on note que certains ont une portée générale. Pour une meilleure compréhension, on peut se référer à l'approche tentée par les Professeurs Pierre Marie DUPUY et Yann KERBRAT au sujet des textes à caractère universel. Pour ces derniers :
« À l'échelon universel, le Centre des droits de l'homme des Nations Unies en dénombrait déjà un total de 67 en 1988, pour s'en tenir aux textes adoptés dans le cadre de l'ONU, de l'OIT et de l'Unesco. Pour les seuls traités conclus dans le cadre de l'ONU, on relevait 26 conventions après l'adoption en décembre 2006 de la Convention relative aux droits des personnes handicapées et de la Convention internationale pour la protection de toutes les personnes contre les disparitions forcées, puis en décembre 2008 du

Protocole facultatif se rapportant au Pacte relatif aux droits économiques, sociaux et culturels »[1].
Ceci pour mettre en exergue l'idée que les textes à caractère universel dont nous parlons ici et qui peuvent donc logiquement être protégés préventivement contre les violations ne sont pas exhaustivement identifiables. Ce qui fait qu'on ne peut véritablement établir de manière exhaustive un éventail. Mais, il faut le dire, même si le problème ne s'est pas encore posé avec la CADHP, cette diversité des instruments internationaux de caractère universel n'est pas sans conséquence. En réalité, cette variété traduit des risques éventuels de contradiction. On comprend, certainement, la raison pour laquelle, l'ONU tente depuis un moment des efforts de rationalisation et d'harmonisation[2].

160. Les droits consacrés par les textes régionaux. En plus du cadre universel, il existe des cadres juridiques régionaux des droits de l'Homme qui favorisent la production d'instruments censés renforcer la dynamique de la protection des droits de l'Homme. Cela donne d'observer une panoplie d'instruments à caractère régional qui peuvent également servir de base dans l'examen par les juges de la CADHP, d'une requête en indication de mesures provisoires. Ces instruments partent du cadre européen jusqu'au cadre africain en passant par le cadre américain de protection des droits de l'Homme.
Ce qui fait qu'on se doit logiquement de s'intéresser à la manière dont les juges de la CADHP se servent de ces différents instruments aussi diversifiés que diffus.

---

[1] Pierre Marie DUPUY et Yann KERBRAT, *Droit international public*, *Op. cit.*, p. 324.
[2] Résolution 41/120 de l'Assemblée générale ONU, en date du 4 décembre 1986.

161. De la question de la pertinence des instruments des droits de l'Homme comme critère d'application. Le premier constat que l'on a pu poser au sujet des droits qui sont en dehors de la Charte et qui peuvent faire l'objet d'une protection préventive est qu'ils sont variés. Cette diversité ne peut manquer de nous amener à poser avec une acuité particulière la question de savoir si l'application de ces instruments se fait systématiquement ou si les juges ont un mécanisme de filtrage. On se souvient assez spontanément que la Cour utilise l'expression « *instruments pertinents* »[1]. Cela nous fait dire que la Cour dispose d'un critère d'application. Autrement dit, la CADHP s'inspire-t-elle des autres instruments que si elle les juge pertinents ? Alors, que devrions-nous entendre par instruments pertinents ?
Déjà, dans l'affaire *Mtikila c. Tanzanie*[2], la question s'était posée à la Cour. En effet, les requérants avaient, dans leurs moyens, soulevé comme acte pertinent, le traité portant création de la Communauté des États de l'Afrique de l'Est. Mais, l'État défendeur avait objecté la pertinence de cet acte au motif que ce texte n'était pas « *un acte pertinent de protection des droits de l'homme au sens des articles 3 (1) et 7 du Protocole de Ouagadougou* ». Mais, contre toute attente, la CADHP n'a nullement tranché la question. Ce qui fait que la compréhension de la pertinence devient un peu plus difficile. Toutefois, il est possible de s'accorder avec certains auteurs pour trouver des éléments de compréhension. Le faisant, on peut se laisser convaincre par la démonstration effectuée par Abdou-Khadre DIOP. En effet, pour ce dernier :

---

[1] Article 3 du Protocole sur la Cour Africaine des Droits de l'Homme et des Peuples.

[2] Cour africaine des droits de l'Homme et des peuples, Affaires jointes : *Tanganyika Law Society & The Legal and Human Rights Centre c. République-Unie de Tanzanie* et *Révérend Christopher R. Mtikila c. République-Unie de Tanzanie*, Requêtes n° 009/2011 et n° 011/2011.

« Une interprétation littérale de l'article 3 (1) laisserait penser qu'il faut trois conditions cumulatives. Il doit tout d'abord s'agir d'un traité international, conférant à l'acte une certaine valeur contraignante. Sur ce point se pose la question de savoir si la Déclaration universelle des droits de l'homme entre dans le champ d'application de l'article 3 (1) et 7 du Protocole de Ouagadougou. A priori, la réponse parait négative, parce que cette dernière est une résolution de l'Assemblée générale des Nations Unies dépourvue de force contraignante. Toutefois, peut-être de façon maladroite, dans un obiter dictum, la Cour africaine a considéré cette déclaration comme un traité au même titre que le Pacte international relatif aux droits civils et politiques. La conclusion pourrait être retenue dans les prochains arrêts de la Cour africaine compte tenu du fait que la Déclaration est un instrument pertinent de protection des droits de l'homme au sens des articles 3 (1) et 7 du Protocole de Ouagadougou »[1].

Cependant, comme l'auteur le relève, l'argumentation devrait être étoffée, car, *:*

« Il ne s'agira pas de dire que c'est un traité, ce qui est absolument faux, mais plutôt de l'interpréter comme un texte à valeur coutumière protégeant des normes erga Omnes et servant de base à l'ensemble des conventions internationales de protection des droits de l'homme, y compris la Charte qui y fait référence dans son préambule. Il faut ensuite que ce traité soit relatif aux droits de l'homme. À cet égard, il serait judicieux de faire la distinction entre les traités dont l'objet principal est exclusivement la protection des droits de l'homme et ceux dont l'objet est en principe autre, mais qui contiennent tout de même des dispositions relatives à ces droits. Les traités

---

[1] Abdou-Khadre DIOP, « La Cour africaine des droits de l'Homme et des peuples ou le miroir stendhalien du système africain des droits de l'homme et des peuples », *Op. cit.*, p. 536.

de la première catégorie, qui sont rédigés de manière à accorder des droits subjectifs à l'individu, peuvent sans l'ombre d'un doute être considérés comme des instruments pertinents au sens des articles 3 (1) et 7 du Protocole de Ouagadougou. De même, ces traités, qui prévoient essentiellement des obligations à la charge des États parties sans accorder de droits subjectifs de l'individu, pourraient être reconnus également comme des instruments pertinents »[1].

Ce qui nous amène à dire qu'il ne suffit pas que des droits soient consacrés par un texte supranational pour qu'ils puissent faire l'objet d'une protection préventive. Encore faut-il que les textes qui les consacrent obéissent, eux-mêmes à certains impératifs.

Tout ceci achève de démontrer la manière dont les droits qui sont en dehors de la Charte africaine des Droits de l'Homme et des Peuples sont effectivement protégés, et ce de manière préventive par les juges de la CADHP. Toutefois, au-delà de cette juxtaposition, il est un autre élément qui ne peut manquer de nous attirer. Il s'agit de l'absence d'une hiérarchie entre ces droits.

B. L'absence d'une hiérarchisation par les textes

162. La compréhension de la posture des textes de la CADHP. À lire les dispositions du Protocole sur la Cour, on note que, ces dispositions ne font nullement aucun rapprochement hiérarchique entre les Droits qui peuvent être protégés par la Cour. Ce qui nous fait dire que ces droits sont normalement réputés avoir la même fondamentalité. Pourtant, nous ne pensons pas qu'il aurait été mal pour la Charte d'obliger les juges de la CADHP d'assurer une

---

[1] Abdou-Khadre DIOP, « La Cour africaine des droits de l'Homme et des peuples ou le miroir stendhalien du système africain des droits de l'homme et des peuples », *Op. cit.*, p. 536.

primauté aux droits qu'elle consacre. Mais, si tel n'a pas été ce qui a inspiré les rédacteurs de la Charte, c'est qu'il existe bien évidemment des raisons. C'est d'ailleurs ce qui nous amène à nous intéresser à ses justifications. Démarche annoncée, on peut lire facilement que la première justification est en rapport avec l'universalisme qui caractérise les droits de l'Homme **(1)**. Quant à la deuxième, elle s'inscrit dans un élan d'effectivité **(2).**

1. Une absence justifiée par l'universalisme des Droits de l'Homme

163. La compréhension de l'universalité des droits fondamentaux. Que faut-il entendre par universalisme, universalité des droits de l'Homme ? Déjà, nous nous empressons de dire avec Pierre Marie DUPUY et Yann KERBRAT que « *la question de l'universalité des droits de l'Homme mérite ici d'être envisagée non d'un point de vue philosophique et abstrait, mais dans la mesure où elle touche à une question proprement juridique : celle des conditions de validité et d'effectivité des droits concernés* »[1]. Ce qui amène à relever que l'universalisme des droits fondamentaux est un principe important. L'universalité des droits de l'Homme trouve son origine contemporaine dans la Charte des Nations Unies, plus précisément dans son Article 55. Cet article ordonne « *le respect universel et effectif des droits de l'Homme et des libertés fondamentales pour tous, sans distinction de race, de sexe, de langue ou de religion* ». C'est dans ce même mouvement que l'on va constater progressivement une tendance générale pour les instruments internationaux relatifs aux droits de l'Homme à réaffirmer ce principe d'universalité dans leur préambule, mais aussi dans leur

[1] Pierre Marie DUPUY et Yann KERBRAT, *Droit international public*, *Op. cit.*, p. 323.

corpus. Pour s'en convaincre, il suffit de s'attarder à la lecture de la Déclaration des droits de l'Homme de 1948, au Pacte international relatif aux droits économiques, sociaux et culturels de 1966, etc. En définitive, on doit entendre par l'universalité des droits de l'Homme, un principe qui traduit l'idée d'une reconnaissance, mais aussi d'une application égale des droits fondamentaux sans distinction.

164. Une universalité favorable. Parler d'une universalité favorable peut s'avérer choquant. Mais, le terme est à la hauteur du constat. En vérité, il s'agit là pour nous de dire que, le principe de l'universalisme n'a nullement quitté les rédacteurs de la Charte Africaine. Cela dans la mesure où, l'absence flagrante d'une hiérarchie entre les droits que cette dernière consacre, est le constat. Puisqu'il fait partie du propre de l'universalisme d'exiger une protection effective de tout droit, sans discrimination. Ce qui sous-tend donc, l'absence d'une hiérarchisation. On comprend, à cet effet, que les rédacteurs n'avaient d'autre choix possible, même s'ils étaient mus par la volonté de donner un particularisme à la Charte. Ceci dans la mesure où, l'universalité n'a autre signification que ce qui s'entend de ce que les droits de l'Homme restent indivisibles et invariables dans leur contenu comme dans leur portée, quel que soit le tributaire, pourvu qu'il ait le statut d'un Homme. Ainsi, par leur essence même, selon les justes propos de Kéba MBAYE, « *les droits de l'Homme concernent tout Homme et tous les Hommes à la fois* »[1]. Il n'y a donc pas « *un droit de l'Homme pour l'Africain* »[2], mais des droits de l'Homme tout court.

---

[1] Cité par Paul-Gérard POUGOUÉ, « Lecture de la Charte africaine des droits de l'Homme et des peuples » in Paul-Gérard POUGOUÉ (dir.), *Droits de l'homme en Afrique centrale*, Karthala, 1996, p. 37.

[2] *Ibidem.*

On retient donc que la juxtaposition dans la Charte[1] des droits protégeables préventivement par la CADHP repose fondamentalement sur la conception universaliste des droits de l'Homme. C'est ce qui justifie que les textes n'en font pas de hiérarchie. Cette absence de hiérarchie apparait dans notre entendement comme inscrite dans la perspective d'une meilleure protection.

2. Une absence inscrite dans la perspective d'une meilleure protection

165. Une protection égalitaire des droits de l'Homme. Ici, nous entendons démontrer que l'absence de hiérarchisation qui caractérise les droits consacrés par la Charte s'inscrit dans la dynamique de permettre une prévention égale, c'est-à-dire une prévention non fondée sur la priorisation de certains droits. Cela permet ainsi, de ne pas restreindre le champ d'intervention du juge et lui permet donc de traiter toutes les affaires pour lesquelles il est saisi avec la même attention et considération.

166. Une protection large des droits de l'Homme. Ayant feint de hiérarchiser les droits fondamentaux de la Charte, les rédacteurs ont ainsi permis aux juges de ne pas trop s'accentuer sur certains droits au détriment d'autres. Car le disant, l'effet premier de la hiérarchisation des droits est d'accorder une priorité de traitement à des droits que l'on a qualifiés, de plus importants. Or, nous ne sommes pas sans savoir que les droits de l'Homme restent « *indivisibles et invariables dans leur contenu comme dans leur portée,*

[1] Selon Alioune Badara FALL, la Charte Africaine a souscrit à la conception universaliste des droits de l'homme pour une protection effective et large desdits droits. Voir, Alioune Badara FALL, « Universalité des droits de l'homme et pluralité juridique en Afrique. Analyse d'un paradoxe », *Mélanges Dmitri Georges Lavroff*, p. 359-380.

quel que soit le tributaire, pourvu qu'il ait le statut d'un homme »[1].

Tout ceci achève de démontrer l'absence de hiérarchisation qui caractérise les textes de la CADHP et qui concourent donc à la démonstration de la juste juxtaposition initiale des droits protégeables consacrés par les textes. Mais, il convient de le dire, à contrecourant de l'absence d'une hiérarchisation des droits consacrés par la Charte, on constate une certaine propension des juges tendant à la hiérarchisation progressive des droits protégeables.

Paragraphe 2 : Une hiérarchisation progressive des droits protégeables par les juges de la CADHP

167. L'idée de la hiérarchisation prétorienne progressive des droits protégeables. Il est important de rapporter de prime à bord que, dans le cadre de l'étude précédente, il nous a été possible de démontrer que les droits protégeables de manière préventive à travers la technique des mesures provisoires ne sont pas hiérarchisés. Cependant, cette absence de hiérarchie entre les droits protégeables préventivement était fondée sur une lecture unique des textes, plus précisément des instruments de la Cour. Ici, il s'agira d'une nouvelle lecture, d'une nouvelle analyse, cette fois-ci reposant sur la jurisprudence de la CADHP en matière de mesures provisoires. Démarche annoncée, il est donné de remarquer avec une acuité spécifique que les juges de la CADHP ont procédé, sans certainement l'avoir envisagé, à la réalisation d'une hiérarchisation au travers de la propension de leur réaction face aux droits dont la protection est demandée devant leur

[1] Alioune Badara FALL, « Universalité des droits de l'homme et pluralité juridique... », *Art. cit.*, p. 380.

prétoire. Ainsi, traiter de cette question, c'est axer la réflexion sur l'idée que les juges ont dans leur activité prétorienne mis au point une certaine hiérarchie entre les droits dont ils ont en charge la protection. Ce qui donne de constater, une forte protection des droits à la vie et à l'intégrité physique et morale **(A)** et parallèlement une protection plutôt normale des autres droits **(B).**

A. Une protection forte des droits à la vie, à l'intégrité physique et morale : des noyaux durs

168. De l'appréhension des droits à la vie à l'intégrité physique et morale en tant que des noyaux durs. Il convient, avant de se laisser entrainer par la réflexion au fond, de comprendre ici l'idée de noyau dur mise ici en rapport avec les droits à l'intégrité physique. D'abord, notons que l'idée de noyau dur ici revendiquée est en fait le sentiment que la jurisprudence de la Cour rattache implicitement à ces différents droits. Pour dire simple, l'allure et la méthodologie de la jurisprudence de la CADHP ne manquent de nous présenter le droit à l'intégrité physique et morale ainsi que le droit à la vie comme des droits revêtus d'une importance particulière dans la Charte. Ce qui concourt donc à les présenter comme des noyaux durs, des droits prisés par les juges de la CADHP.
La curiosité étant un élément naturel pour le chercheur, alors, il convient de tenter une approche des concepts de droit à l'intégrité physique et morale ainsi que du droit à la vie **(1)**, avant de s'intéresser à la question de leur primauté parmi les autres droits **(2).**

1. Le concept des droits à la vie, à l'intégrité physique et corporelle dans la jurisprudence relative aux mesures provisoires

169. La consécration du droit à l'intégrité physique dans la Charte. Dès l'entame de la réflexion, il convient d'observer que « le *droit à l'intégrité physique et morale ainsi que le droit à la vie* »[1] sont l'une des catégories de droits et libertés « *les plus immédiates à la conscience et à la connaissance* »[2]. On a même pu dire à leur sujet qu'ils étaient « *un des critères de l'État de droit contemporain* »[3]. Dans le système africain de protection des droits de l'Homme, le droit à la vie et à l'intégrité physique et morale est consacré par l'article 4 de la Charte Africaine des Droits de l'Homme et des Peuples. Cet article prescrit que *« la personne humaine est inviolable. Tout être humain a droit au respect de sa vie et à l'intégrité physique et morale de sa personne : Nul ne peut être privé arbitrairement de ce droit ».* On retient donc que, le droit à l'intégrité physique et morale ainsi que, le droit à la vie trouvent leur fondement dans l'article 4 de la Charte.

170. Les droits à la vie, à l'intégrité physique et morale dans la jurisprudence de la Cour. Ici, il est question de mettre en rapport ces différents droits avec l'activité prétorienne des juges de la CADHP. Autrement dit, il s'agit de quitter le terrain de la seule consécration, pour porter un regard juste et éclairé sur la pratique de la Cour. Le faisant, on note que la quasi-majorité des décisions rendues par la CADHP en matière de mesures provisoires est en lien avec le droit à la vie et à l'intégrité

[1] Raymond RANJEVA et Charles CADOUX, *Droit international public*, Universités Francophones, p. 134.
[2] Raymond RANJEVA et Charles CADOUX, *Droit international public*, Universités Francophones, p. 134.
[3] *Ibidem.*

physique et morale[1]. Ce qui ne peut manquer de nous inciter à poser des questions au sujet des raisons qui pourraient justifier une telle constatation. Ainsi, les premières interrogations qui se chevauchent sont celles des causes d'une telle abondance de décisions relativement à ces seules matières. Cela ne peut que nous ramener à la question de la primauté.

2. La question de la primauté du droit à la vie et à l'intégrité physique et morale dans la jurisprudence de la Cour

171. Une primauté déductible de la pratique de la Cour. On se doit de le dire dès les premières lignes. La primauté ici annoncée de certains droits du fait de la pratique des juges de la CADHP peut paraitre audacieuse, mais l'idée est la parfaite relation de la manière dont la jurisprudence de la Cour s'offre à nous. À vrai dire, à lire attentivement les décisions de la Cour, il est facilement constatable que les réactions des juges face aux affaires varient en fonction de la nature des droits qui sont en jeu, c'est en tout cas le constat que nous posons avec objectivité. En effet, nous posons le constat de ce que la Cour a tendance à accorder une attention particulière aux droits à la vie et à l'intégrité physique et morale. Ce constat est fondé sur l'observation des différents mécanismes et moyens que la Cour s'en presse à mettre en jeu lorsqu'elle se retrouve devant pareils droits. Au sujet de ces mécanismes, nous voulons précisément insister sur la technique du relevé d'office qui permet à la Cour de saisir *proprio motu* afin de prévenir la violation irréparable d'un droit.

---

[1] Recueil en ligne des décisions portant mesures provisoires. Tiré sur le site : https://www.african-court.org/cpmt/fr/provisional-measures. Consulté le 26/05/2022.

En fait, la Cour a toujours eu tendance à relever d'office, les raisons de croire en réalisation d'un risque irréparable de violation des droits des parties, lorsqu'elle est saisie pour situation ayant des liens avec ces droits[1]. Cela peut, certainement, trouver une explication dans le fait que « *le droit à la vie est le premier des droits de l'Homme, celui qui conditionne la jouissance de tous les autres ; il a ici pour corollaire immédiat le droit à l'intégrité physique et morale* »[2]. On peut donc en déduire que cette tendance des juges de la CADHP n'est pas tant injustifiée. Mais, on peut se dire que, quelles que soient les raisons qui seront avancées, cette attitude des juges de la CADHP ne manque pas d'entraîner des répercussions sur la juxtaposition initiale effectuée par les textes.

172. Les implications de la primauté sous-entendue. Au sujet des implications de la pratique de la CADHP qui tend à conférer ou du moins, à doter les droits à la vie, à l'intégrité physique et morale d'un statut particulier, elles apparaissent comme étant inévitables. La déduction de la primauté au travers de la pratique de la Cour est d'autant plus loisible, car, le fait pour la Cour de n'utiliser des techniques qu'elle possède de manière classique au profit d'une catégorie de droits, ne peut aboutir qu'à la reconnaissance implicite d'une hiérarchie. C'est à notre avis, une conséquence logique et prévisible. D'ailleurs, il ne faut tout de même pas penser que cela constitue en soi une mauvaise manière de faire, parce que cette tendance des

[1] Cour africaine des droits de l'Homme et des peuples, Affaires *Ally Rajab et autres c. Tanzanie, Armand Guedi c. Tanzanie, Amini Juma c. Tanzanie, Chrizant John c. Tanzanie, Commission Africaine des droits de l'Homme et des Peuples c. Grande Jamahiriya Arabe Libyenne Populaire et Socialiste, Cosma Faustin c. Tanzanie.*

[2] Fatsah OUGUERGOUZ, « Chapitre IV. Les droits de l'individu », *La Charte africaine des droits de l'homme et des peuples : Une approche juridique des droits de l'homme entre tradition et modernité,* Genève : Graduate Institute Publications, 1993. p. 83-129.

juges de la CADHP ne lui est pas totalement propre. Cela semble être, une manière de faire commune aux juridictions des droits de l'homme. C'est ce que Sandrine WATHÉE semble aussi relever avec la CEDH lorsqu'elle affirme que « *c'est essentiellement dans le cadre d'éloignements du territoire qu'il - s'agisse d'expulsions ou d'extraditions à la suite desquels le requérant s'exposerait gravement à une atteinte à la vie ou à son intégrité physique dans le pays de destination que la Cour prononce depuis toujours des mesures provisoires* »[1]. On comprend, par-là, l'existence d'une tendance générale à la hiérarchisation.
C'est la conjugaison, de toutes ces analyses qui permet de présenter les droits à la vie, à l'intégrité physique et morale comme des noyaux durs parmi les droits dont la Cour peut empêcher préventivement la violation. Mais, il convient de s'empresser pour dire que même s'il est vrai que les droits à la vie et à l'intégrité physique et morale semblent jouir d'un traitement favorable, qu'il n'en demeure pas moins que les autres droits ne sont pas protégés en deçà de la protection nécessaire. Ils sont juste protégés, normalement.

B. Une protection plutôt normale des autres droits de l'homme

173. Une protection malgré tout suffisante. On part de l'idée que, même s'il est vrai que les droits à la vie, à l'intégrité physique et morale semblent bénéficier d'un privilège qui leur confère un statut spécial, qu'il n'en demeure pas moins que les autres droits font également l'objet d'une protection par les juges de la CADHP. Mais, ces droits sont protégés de manière normale sans une dose d'audace. Tout ceci pour dire qu'il existe parallèlement une dynamique de protection en faveur des autres droits. Mais,

---

[1] Sandrine WATTHÉE, *Les mesures provisoires devant la Cour européenne des droits de l'Homme... Op. cit.*, p. 84.

cette protection apparait timide **(1)** et est entièrement enserrée dans une démarche, une démarche rationalisée **(2).**

1. Une protection timide

174. Une timidité justifiée par l'attitude des juges. Contrairement aux droits à la vie, à l'intégrité physique et morale, il est possible pour le cadre des autres droits entrant dans le champ matériel des mesures provisoires de la CADHP, de constater une certaine timidité dans la prévention de leur violation. Cette timidité résulte pleinement de l'attitude des juges. En effet, il est permis de relever que, dans le cadre de la protection des autres droits, les juges de la CADHP ne font aucunement preuve d'une intransigeance. Ils se contentent d'observer la réunion des conditions matérielles et formelles d'indication des mesures provisoires, et cela, exclusivement lorsqu'ils ont été saisis pour la cause par l'un des requérants. C'est la lecture que nous faisons après avoir étudié l'ensemble des décisions portant mesures provisoires[1]. Ce qui ne manque pas de conforter la timidité des juges de la CADHP relativement aux droits autres que les droits à l'intégrité physique, morale et à la vie.

175. Une timidité imputable aux violations constantes. Mais, parallèlement, essayant de comprendre ce qui explique la timidité des juges de la CADHP, on est parvenu à une conclusion. À ce sujet l'on a pu se convaincre de ce que la timidité constatée était en fait liée au caractère très souvent répétitif des violations. Il est donc aisé de remarquer, au travers de la lecture de la jurisprudence de la Cour en matière de mesures provisoires, que les requêtes en indication des mesures provisoires de la CADHP ont tendance à s'intéresser en grande partie à la protection

[1] Recueil en ligne des décisions portant mesures provisoires. Tiré sur le site :https://www.african-court.org/cpmt/fr/provisional-measures. Consulté le 27/05/2022.

préventive de droits en lien avec les droits à la vie, l'intégrité corporelle et morale. Les autres droits sont faiblement invoqués comme moyens de la requête. Ce qui nous fait dire que la timidité ainsi constatée provient du faible taux de demandes intéressant lesdits droits.
Ce qui ne manque de mettre en exergue l'idée selon laquelle la protection qu'assure préventivement la CADHP à l'égard des autres droits, est timide. C'est donc, cette timidité qui justifie le caractère normal de la protection assurée au profit des autres droits. Mais, il s'avère important de dire qu'au-delà, de cette timidité, la démarche des juges dans l'examen des demandes en indication de mesures provisoires se présente comme étant rationalisée.

2. Une protection rationalisée

176. La non-utilisation du relevé d'office. Pour nous, il est possible de comprendre la timidité et donc le caractère normal de la protection que les juges assurent aux droits autres que les droits à l'intégrité physique et morale, ainsi que, le droit à la vie, quand on s'attarde à une lecture fidèle de la démarche utilisée par les juges à l'occasion. Le disant, il est concevable de relever que, la démarche des juges, apparait rationalisée. Rationalisée, dans la mesure où la démarche utilisée est celle de la suffisance, celle qui tend à ne pas abuser de ses prérogatives. Cela est d'autant plus loisible à constater dans la mesure où l'observation est faisable. En fait, faisant le tour de la jurisprudence de la Cour en matière de mesures provisoires, il est de ces décisions, qui présentant des situations où les juges auraient pu par le biais du relevé d'office assurer la prévention demandée, on finit par nous étonner du silence observé par ces derniers. Pour s'en convaincre, on peut facilement se référer à la décision rendue en l'affaire *Ghaby Kodeih et*

Nabih Kodeih c. Bénin[1], où il y'avait un risque imminent de violation effective des droits de propriété des requérants. Mais, malgré l'imminence du risque, la Cour n'avait pas *proprio motu* prononcé les mesures provisoires malgré la gravité que présentait la situation au moment de sa saisine. C'est là toute l'essence de l'idée de la rationalisation.

177. Une protection assurée suivant la procédure classique. L'inutilisation de la technique du relevé d'office par les juges dans le cadre de la prévention de la violation des droits autres que les droits à l'intégrité physique et morale et du droit à la vie, nous amène à dire que les juges privilégient dans ces cas, la procédure normale. Laquelle procédure, annonçons-le, n'est actionnée que par le biais de l'accomplissement par les requérants d'un ensemble d'actes formels. Ces actes formels dont il est question ici ne sont rien d'autre que les règles de procédure prévues par les instruments de la CADHP.

---

[1] Affaire *Ghaby Kodeih et Nabih Kodeih c. Bénin*, Requête n° 008/2020.

CHAPITRE II : UNE TECHNIQUE DE PROTECTION CONFORTÉE

178. L'idée de confort dans la protection des droits fondamentaux. Sans rompre avec la démarche scientifique pour laquelle nous avons opté dès les premières analyses, nous pensons qu'il convient de préciser l'idée générale, voire l'esprit de l'étude de la présente partie. Mais, avant d'entamer la réflexion autour du confort dont bénéficie la technique des mesures provisoires dans la question de la protection des droits des requérants, il convient pour nous d'expliquer le choix de la notion de confort parmi tant d'autres expressions. Pour nous, traiter de la notion de confort, c'est admettre qu'il existe un objet ou des matières qui servent de support à l'implémentation efficace d'un mécanisme. Alors, ramenant le terme, à la question de la protection des droits des requérants, c'est être animé par le désir de démontrer que dans l'élan de la protection des droits des requérants à travers la technique des mesures provisoires, qu'il existe des données qui se conjuguent pour former un support sûr ou du moins efficace et dont la réalisation ne peut avoir d'autres fins que la facilitation de la protection.

179. Les éléments du confort. Le confort dont bénéficie la technique des mesures provisoires est d'un apport notable. Notable, dans la mesure où, c'est par l'effet de la consécration de telles assurances et certitudes que les juges de la CADHP arrivent effectivement à permettre une protection rassurante des droits fondamentaux. Les éléments du confort ou du moins de la sûreté sont assez particuliers. Particuliers, dans la mesure où, ils se trouvent non seulement en amont, c'est-à-dire au moment où l'on se retrouve dans la situation où, les ordonnances portant mesures provisoires ont été prononcées et ont besoin d'être mises en œuvre ; mais aussi en aval, c'est-à-dire lorsque la

décision a été rendue par la Cour et que le comportement dicté n'a pas été respecté par l'État destinataire.
Alors, il convient donc, dans la présente étude, de nous intéresser avec beaucoup d'attention à la question du confort dont bénéficie la technique des mesures provisoires devant la CADHP. Il s'agira donc d'étudier d'une part la portée juridique contraignante des mesures provisoires **(SECTION I),** avant de nous intéresser à la question de la responsabilité internationale qui se greffe à la technique des mesures provisoires, dans la dynamique d'une bien meilleure protection des droits fondamentaux des requérants **(SECTION II)**.

SECTION I : LA PORTÉE JURIDIQUE CONTRAIGNANTE DES MESURES PROVISOIRES, GAGE DE LA PROTECTION DES DROITS DES PARTIES

180. La notion de portée juridique contraignante. Comment devons-nous appréhender la notion de portée juridique contraignante ? Déjà, notons qu'il est préférable de procéder à une définition différée des termes qui composent l'expression. À ce sujet, on peut d'abord appréhender la notion de portée comme « *un terme neutre souvent employé à propos d'une règle, d'une décision de justice ou d'une convention (ex. portée d'une loi, d'une disposition, d'un arrêt, d'un accord) pour désigner : son objet et ses effets directs* »[1]. Rajoutant la notion de contraignant, qui traduit ce qui est « *juridiquement obligatoire ; doté de force obligatoire* »[2], on peut globalement définir la notion de portée juridique contraignante comme ce qui déploie à l'encontre de ses destinataires, des effets ayant un caractère obligatoire et qui astreint ces derniers à adopter un comportement particulier.

[1] Gérard CORNU, *Vocabulaire juridique*, *Op. cit.*, p. 1643.
[2] *Ibidem.*

Ainsi, traiter de la portée juridique contraignante des mesures provisoires, c'est se poser la question de savoir si les ordonnances portant mesures provisoires de la CADHP doivent être obligatoirement exécutées.

181. L'état de la portée contraignante des mesures provisoires devant les autres juridictions.

L'autorité des mesures provisoires a pendant longtemps été dans un « *clair-obscur* »[1] devant plusieurs juridictions internationales. En effet, de manière générale, l'autorité des mesures provisoires n'a jamais été consacrée par les instruments d'une juridiction internationale de manière expresse. En pratique, c'est aux juges qu'est revenue la tâche de préciser non seulement les contours de la technique des mesures provisoires, mais aussi son autorité.

Cela étant, on note toutefois que dans le sérail de la CADHP, la question de l'autorité des mesures provisoire est toute particulière. En effet, un tour rapide au sein de la jurisprudence des autres juridictions en matière de mesures provisoires, permet de poser le constat de ce qu'elles ont toutes « *souligné l'importance et la raison d'être des mesures provisoires et fait valoir que l'observation de ces mesures était nécessaire pour l'effectivité de leurs décisions au fond* »[2]. Ainsi, l'on infère donc qu'il n'y a véritablement pas de discussion, en tout cas à l'heure actuelle, quant au caractère contraignant ou non des mesures provisoires ordonnées par les juridictions spécialisées en matière des droits de l'Homme et donc logiquement par la CADHP. Cependant, à la différence des

---

[1] Selon l'expression de M. BEDJAOUI, « La multiplication des tribunaux internationaux ou la bonne fortune du droit des gens », *Colloque SFDI, La juridictionnalisation du droit international,* Paris, Pedone, 2003, pp. 529-545, p. 532.

[2] Cour européenne des droits de l'Homme, Affaire *Mamatkulov c. Turquie,* Requêtes n° 468227/99 et n° 46951/99.

autres juridictions[1], le caractère contraignant des mesures provisoires de la CADHP n'a pas fait l'objet de discordances. Ce qui ne fut pas le cas avec celles de la Commission africaine des droits de l'Homme et des peuples.

Mais, au-delà de l'inexistence même de controverses doctrinales, l'étude de la portée juridique des mesures provisoires n'est pas sans intérêts.

Ce qui nous fait ainsi dire que relativement à la CADHP, la portée juridique contraignante des mesures provisoires est

[1] Il faut remarquer avec empressement que l'admission du caractère contraignant des mesures provisoires devant les autres juridictions régionales et surtout relativement à la CIJ n'a pas été d'une aisance. C'est en fait le résultat de longues discussions et de débats stimulants puisque comme le note Robert KOLB, la doctrine était extrêmement divisée, la pratique des États quant à elle ne montrait pas un degré appréciable de respect de telles mesures. Pour s'en convaincre, on note que s'était posé la question du caractère contraignant des mesures provisoires au niveau de la CIJ, on avait deux thèses en jeu. La thèse qui a fini par l'emporter est celle de leur effet contraignant. Elle a été principalement l'œuvre de Sir Gladwyn Jebb. Pour ce dernier, dans une vision finaliste des mesures provisoires, portant une analyse sur les conséquences de la non-exécution des mesures indiquées par la Cour à la charge de l'Iran en l'affaire de *l'Anglo-Iranian Oil Cy*, il s'exprimait en ces termes « *The whole object of interim measures (...) is to preserve the respective rights of the parties pending the final decision; in order words, to prevent a situation from being created in which the final decision would be rendered inoperative or impossible of execution because of some step taken by one of the parties in the meantime in the meantime with the object of frustrating that decision. Now it is established that a final judgement of Court is binding on the parties; that, indeed, is expressly stated by Articles 59 and 60 of the Statute and Article 94, paragraph 1, of the Charter. But clearly there would be no point in making the final [judgment] binding if one of the parties could frustrate that the decision in advance by actions which would render the final judgement nugatory. It is, therefore, a necessary consequence, we suggest, of the bendiness of the final decision that the interim measures intended to preserve its efficacy should be binding » (Security council, Official records,* 6th Year, 559 Meeting (1951), p. 20.

consacrée **(Paragraphe 1)**. C'est certainement le même mouvement qui explique l'existence de mécanismes destinés à assurer la surveillance de cette consécration **(Paragraphe 2)**.

Paragraphe 1 : Une portée juridique consacrée

182. Le support de la consécration. De la lecture des dispositions statutaires des juridictions internationales et supranationales existantes, il est permis de poser le constat selon lequel « *tous les systèmes juridiques connaissent une procédure visant l'adoption de mesures conservatoires dans le cadre d'une procédure judiciaire* »[1]. Dans le même sens, relativement à la CADHP, les mesures provisoires ont une particularité. Cette particularité est justifiée par le fait qu'il ne trouve pas son ancrage dans des textes. En effet, le caractère contraignant des mesures provisoires n'est pas tant à rechercher dans les instruments de la CADHP **(A)**. C'est donc aux juges que revient le mérite d'avoir reconnu comme contraignantes les ordonnances portant mesures provisoires qu'ils édictent **(B)**.

A. Une portée juridique relativement affirmée par les textes

183. De l'inexistence de dispositions textuelles. Dans la foulée de l'étude du caractère contraignant des mesures provisoires de la CADHP, on note que les dispositions des instruments servant de supports aux mesures provisoires ne traitent pas de la question. Ce qui ne permet donc pas véritablement d'être situé sur la question si l'on s'en tient à la seule lecture des textes de la Cour. Les textes en question ne se contentent que de juste donner un support légal aux

---

[1] Silviana COCAN, « La Cour européenne des droits de l'homme… », *Art. cit.*, p. 577.

mesures provisoires sans toutefois préciser si elles ont la même valeur juridico-contraignante que tous les arrêts rendus par la Cour. On constate, dès lors, qu'il y'a un silence des instruments de la Cour **(1),** mais que cela n'empêche pas de déduire la contrainte rattachée à l'exécution des ordonnances portant mesures provisoires **(2).**

1. Le silence des instruments de la Cour

184. Du caractère lacunaire des textes. Les textes dont nous parlons ici et qui sont envisagés comme lacunaires, ne sont rien d'autre que le Protocole relatif à la Charte portant création de la Cour et le Règlement intérieur de la Cour. En leur sein, il est juste possible de trouver des traces d'une base légale aux mesures provisoires. En fait, ils prescrivent respectivement que « *dans les cas d'extrême gravité ou d'urgence et lorsqu'il s'avère nécessaire d'éviter des dommages irréparables à des personnes, la Cour ordonne les mesures provisoires qu'elle juge pertinentes* »[1], et que « *conformément à l'article 27, alinéa (2) du Protocole, à la demande d'une partie ou d'office, dans les cas d'extrême gravité ou d'urgence et lorsqu'il s'avère nécessaire d'éviter des dommages irréparables à des personnes, la Cour peut ordonner les mesures provisoires qu'elle juge pertinentes, en attendant de statuer sur la requête principale* »[2]. Ce qui fait qu'on n'est pas vraiment situé sur la question de savoir si au regard de sa base légale, le caractère contraignant des mesures provisoires peut être recherché et trouvé.

185. Une situation prévisible. Nous tenons à souligner que le fait que le caractère contraignant des mesures

[1] Protocole relatif à la charte africaine des droits de l'homme et des peuples portant création d'une Cour Africaine des Droits de l'Homme et des Peuples de 1998.

[2] Règle 59.

provisoires ne trouve pas de fondement dans les textes est une situation regrettable. Regrettable dans la mesure où cela a tendance à provoquer en général des discussions doctrinales souvent infondées. Mais, fort heureusement, la Cour n'a pas eu à faire face à de telles situations, cela certainement en raison du fait que lorsque le Protocole sur la Cour entrait en vigueur[1], la doctrine majoritaire était favorable à la reconnaissance d'un caractère obligatoire aux mesures provisoires. La Cour n'avait donc pas eu besoin de traiter de cette question dans l'exercice de ses activités. Toutefois, nous devons nous empresser de le dire, cela n'allait pas de soi puisqu'en la matière, il a été possible de constater que bien avant la Cour, la Commission rencontrait des difficultés à assurer l'exécution de ses décisions en la matière.

Ce qui aurait pu être évité par la seule considération de leur force contraignante. C'est en tout cas ce que les analyses de Parfait OUMBA ne manquent de confirmer. En effet, pour ce dernier « *statutairement, les mesures provisoires adoptées [...] ne sont revêtues d'aucune force obligatoire : elles sont tout au plus assimilables à des recommandations. Dans ces conditions, il n'est pas étonnant que leur efficacité soit demeurée toute relative, ou pour le moins fort inégale selon les États destinataires. En effet, les cas dans lesquels les États défendeurs ont suivi les mesures préconisées sont nettement moins nombreux que ceux dans lesquels ils ont ignoré les demandes de la Commission africaine. L'exemple le plus emblématique d'indifférence à l'égard de mesures provisoires, pourtant formulées de manière très insistante, demeure sans doute l'attitude du Nigéria dans la célèbre affaire Ken Saro Wiwa et autres* »[2].

---

[1] Le Protocole est entré en vigueur le 25 janvier 2004.

[2] Parfait OUMBA, « Juridictions internationales et procédures d'urgence... », *Art. cit.*, p. 11.

Ce qui nous amène à insister sur la plus-value qu'aurait été ce support textuel et précis. Toutefois, il nous apparait important de préciser qu'on peut toujours déduire des instruments de la Cour, des éléments de réponse.

2. Une portée juridique déductible

186. L'apport de l'affaire LaGrand de la CIJ à la réflexion. De prime à bord, il convient de préciser que le caractère lacunaire des instruments de la Cour sur la question de l'autorité des mesures provisoires n'est pas une entrave à la déduction d'une portée juridique contraignante, à partir d'une lecture extensive desdits instruments. En effet, l'analyse de la portée juridique des mesures provisoires de la CEDH ne devrait pas être menée qu'à la seule lecture de l'article 27 du Protocole et de la règle 57 du Règlement de la Cour, même s'il est vrai que c'est à elle que revient le mérite d'être le *substratum juris* des mesures provisoires. L'analyse peut et doit être étendue à tous les éléments pertinents de la Cour. À ce sujet, dans leur opinion dissidente émise dans l'affaire *Cruz Varas*[1] certains juges de la CEDH avaient estimé opportun une interprétation « *autonome mettant l'accent sur l'objet et le but de la CEDH, ainsi que sur l'efficacité de son mécanisme de contrôle, tout en rappelant les conditions du contexte, à savoir l'adhésion de presque tous les États membres du Conseil de l'Europe au droit de recours individuel et à la juridiction obligatoire de la CEDH* »[2].

Cette lecture a été adoubée par les juges de la CIJ dans l'affaire dite *LaGrand*[3]. En effet, comme l'écrit

---

[1] Opinion dissidente, CEDH, Affaire *Cruz Varas et autres c. Suède*, Requête no 15576/89, 20 mars 1991, paragraphe 2-3.

[2] Silviana COCAN, « La Cour européenne des droits de l'homme… », *Art. cit*, p. 579.

[3] Cour internationale de justice, arrêt, 27 juin 2001, *LaGrand, (*Allemagne c. États-Unis), CIJ recueil 2001.

Ben Hammadi YOURSI, dans le cadre de l'affaire précitée, les juges par faute d'une harmonie parfaite sur la portée juridique des mesures provisoires, entre les versions française et anglaise de l'article 41 du Statut de la Cour, ont *« adopté une interprétation qui se fonde sur l'objet et le but du texte »*[1], tel que l'article 33, paragraphe 4 de la *Convention de Vienne sur le droit des traités* l'exige. Cet article prévoit que « *sauf le cas où un texte déterminé l'emporte conformément au paragraphe 1, lorsque la comparaison des textes authentiques fait apparaître une différence de sens que l'application des articles 31 et 32 ne permet pas d'éliminer, on adoptera le sens qui, compte tenu de l'objet et du but du traité, concilie le mieux ces textes* »[2]. C'est partant de cette donnée, que la Cour est arrivée à la conclusion selon laquelle « *le pouvoir d'indiquer des mesures conservatoires emporte le caractère obligatoire desdites mesures, dans la mesure où le pouvoir en question est fondé sur la nécessité, lorsque les circonstances l'exigent, de sauvegarder les droits des parties, tels que déterminés par la Cour dans son arrêt définitif, et d'éviter qu'il y soit porté préjudice. Prétendre que des mesures conservatoires indiquées en vertu de l'article 41 ne seraient pas obligatoires serait contraire à l'objet et au but de cette disposition* »[3].

Pour mieux percevoir l'élément de la déduction, donc le fondement possible du caractère contraignant des mesures provisoires à travers des textes, il faut partir du Règlement intérieur de la Cour. Le disant, il est facile de lire à la

---

[1] Ben Hammadi YOUSRI « La question du caractère obligatoire des mesures conservatoires devant la Cour Internationale de Justice », *Revue québécoise de droit international*, volume 14-2, 2001. pp. 53-81, p. 68.

[2] *Convention de Vienne sur le droit des traités,* 23 mai 1969, entrée en vigueur le 27 janvier 1980, article 33 (4).

[3] Cour internationale de justice, arrêt, 27 juin 2001, *LaGrand,* (Allemagne c. États-Unis).

Règle 68 du Règlement intérieur de la Cour que *« dans l'exercice de ses fonctions judiciaires, la Cour rend des actes qui peuvent prendre la forme d'un arrêt, d'une ordonnance, d'un avis, d'une instruction, d'une directive ou toute autre forme décidée par la Cour »*[1]. Or, nous ne sommes pas sans savoir que le Protocole sur la Cour dispose en son article 30 traitant de l'exécution des arrêts de la Cour que « *les États parties au présent Protocole s'engagent à se conformer aux décisions rendues par la Cour dans tout litige où ils sont en cause et à en assurer l'exécution dans le délai fixé par la Cour* »[2]. Dans la continuité de la recherche du caractère contraignant des mesures provisoires, on constate un peu plus loin dans le Règlement intérieur que *« 1. Conformément à l'article 30 du Protocole, les États parties se conforment pleinement aux décisions de la Cour et en assurent l'exécution dans les délais fixés par la Cour. 2. Toutes les parties se conforment aux décisions de la Cour »*[3] et que *« Sous réserve des dispositions de l'article 28, alinéa 2 du Protocole, les décisions de la Cour sont définitives. 2. Les décisions de la Cour ont force obligatoire pour les parties en litige et sont exécutoires conformément à l'article 30 du Protocole »*[4].
Par conséquent, sans qu'il soit besoin d'épiloguer, partant des enjeux qui s'attachent au prononcé des mesures provisoires, notamment l'urgence et le risque de dommage irréparable, la nécessité de reconnaitre aux mesures provisoires une portée juridique contraignante en vue de la garantie effective du droit de recours individuel va de soi. Cela d'autant plus que les mesures provisoires se veulent des mesures proactives tendant à garantir la protection des droits, objets du litige avant l'avènement d'une décision au

[1] Règle 68.
[2] Article 30 du Protocole sur la Cour.
[3] Règle 80.
[4] Règle 72.

fond. Il est dès lors difficile d'imaginer l'effectivité d'un tel but, si ces mesures envisagées et censées permettre aux requérants de demander la protection de leurs droits ne sont pas susceptibles de se déployer avec une contrainte. Ainsi, les mesures provisoires se présentent comme des dispositions essentielles dans le cadre du droit de recours, puisque permettant aux juges de prendre des décisions transitoires en vue de s'assurer que la décision à rendre au fond ne soit pas vidée de son objet.

187. Au total, il ne fait aucun doute que la portée juridique contraignante des mesures provisoires est inextricable au droit de recours individuel. Toutefois, au-delà de ce raisonnement, il est possible de relever que même si les textes qui régulent les activités de la Cour sont peu éloquents, l'on peut se satisfaire de ce que les juges de la CADHP ont définitivement reconnu aux mesures provisoires une portée juridique contraignante. Cela ne s'est toutefois pas fait facilement.

À lire les instruments de la Cour qui ne font aucune distinction entre les ordonnances portant mesures provisoires et les arrêts rendus par la Cour, il est concevable de reconnaitre aux mesures provisoires de la CADHP, une force juridique contraignante.

188. Une assimilation plutôt logique. Cette assimilation des ordonnances portant mesures provisoires aux arrêts rendus par la Cour est pour nous logique et donc justifiée. Cela dans la mesure où, il est possible de souligner que, les textes de la Cour n'appellent à aucune distinction entre les différents actes qui peuvent être adoptés par la Cour dans le cadre de ses activités. Ce qui fait que si l'on s'en tient à un raisonnement méthodique et à une déduction logique de ces dispositions, on ne peut aboutir qu'à une telle conclusion.

Si de la lecture minutieuse des instruments de la CADHP on est admis à dire qu'il est possible de trouver des traces de dispositions qui tendent à reconnaitre aux ordonnances portant mesures provisoires un caractère contraignant, il n'en demeure pas moins que l'affirmation reste encore molle, timide et donc relative. Ce ne sont que les juges de la CADHP qui de manière expresse reconnaissent aux ordonnances portant mesures provisoires un certain caractère contraignant.

B. Une portée juridique expressément revendiquée par les juges

189. Une attitude justifiée. Le fait pour les juges de la CADHP d'avoir doté les mesures provisoires d'une véritable méthodologie et d'un régime juridique était déjà le résultat d'une audace. Par ce fait, à constater à nouveau l'affirmation expresse par les juges de la CADHP du caractère contraignant des mesures provisoires, on est fondé à dire, dans la même foulée que cela constitue une audace. Mais, cette audace est pour nous, justifiée dans la mesure où, sans elle, il aurait été difficile pour la Cour de parvenir à l'imposition de ses ordonnances aux États, dont les actes sont contestés devant son prétoire. Cela est d'autant plus vrai, comme le relève Jean-François FLAUSS, « *si les progrès de la démocratisation des régimes politiques africains sont de nature à favoriser une meilleure prise en considération des mesures d'urgence préconisées [...], ils sont encore en l'état manifestement insuffisants pour promouvoir, à l'échelle du continent africain, une véritable culture de l'urgence dans le domaine de la protection des droits fondamentaux* »[1]. Ce qui concourt à corroborer l'idée de la justification de l'attitude des juges de la CADHP dans

[1] Jean-François FLAUSS, « Notule sur les mesures provisoires devant la Commission africaine des droits de l'Homme et des peuples » in Gérard COHEN-JONATHAN et Jean-François FLAUSS, (dir.), *Collection Droit et Justice* n° 36, Pierre LAMBERT (dir.), Bruxelles, Bruylant, 2005, p. 238.

la consécration de la portée juridique contraignante des mesures provisoires.
Cela nécessite qu'on s'attarde sur l'étude de la partition des juges dans la consécration du caractère contraignant des mesures provisoires **(1)** ; avant de faire état d'une certaine résilience des juges pour le respect des mesures ordonnées **(2).**

1. La partition des juges dans la consécration du caractère contraignant

190. L'affirmation du caractère contraignant. Dès l'entame, on pouvait la pressentir, l'affirmation du caractère contraignant des mesures provisoires par les juges de la CADHP est jurisprudentielle. Ainsi, ce n'est qu'au travers d'une décision que l'on peut effectivement rechercher et trouver les traces du caractère contraignant des ordonnances portant mesures provisoires. C'est dans ce mouvement que l'on retrouve dans l'affaire *Commission des Droits de l'Homme et des Peuples c. Libye,* l'affirmation du caractère contraignant des mesures provisoires. En fait, dans ladite décision, la Cour n'avait pas manqué de dire qu'« *une ordonnance portant mesures provisoires rendue par la Cour a force exécutoire au même titre qu'un arrêt par elle rendu* »[1]. On note ainsi de ce qui précède que le caractère contraignant des mesures provisoires est affirmé par les juges de la CADHP.

191. L'intransigeance de la Cour. On peut, dans la même foulée, être admis à dire que relativement à la question du caractère contraignant des mesures provisoires, les juges de la CADHP n'hésitent pas à le rappeler toutes les fois où ils l'estiment nécessaire. Ce constat repose sur la

[1] Cour africaine des droits de l'Homme et des peuples, Affaire *Commission des Droits de l'Homme et des Peuples c. Libye,* Requête n° 002/2013.

tendance qui se décline de la lecture de la jurisprudence de la Cour. À ce titre, il est possible de conforter cette idée en restant sur une analyse même superficielle des décisions de la Cour. En vrai, l'idée ici développée repose sur le fait que les juges de la CADHP manifestent une volonté avérée de sauvegarder le caractère contraignant des mesures provisoires.
On peut sans risque de se tromper soutenir que c'est la raison de la résilience des juges pour le respect des mesures qu'ils ordonnent.

2. La résilience des juges pour le respect des mesures ordonnées

192. La tendance à la réaffirmation. La résilience des juges, annoncée ici, est fondée sur un constat qui veut que la Cour recherche en permanence un moyen pour garantir la portée juridique contraignante des ordonnances qu'elle prend. L'affirmant, on peut être tenté de soutenir que la Cour le fait dans un souci de perfectionnement, voire dans une perspective de stabilisation du caractère exécutoire de ses ordonnances en la matière. C'est peut-être ce qui justifie le fait que la Cour ait été dotée d'une faculté de formuler des recommandations aux États qui ne respectent pas ses ordonnances portant mesures provisoires. En effet, il est loisible de lire dans la règle 59 du règlement intérieur de la Cour qu'« *en cas de non-respect de ces mesures par l'État concerné, la Cour formule les recommandations qu'elle estime appropriées* »[1]. Tout ceci amène à constater que même quand la Cour se retrouve dans des situations où le refus d'exécution de son ordonnance est affirmé avec une condescendance de récalcitrante, la Cour ose toujours tenter de trouver les moyens afin de, non seulement aider, mais aussi, faciliter l'exécution des mesures qu'elle ordonne.

[1] Règle 59 du règlement intérieur de la Cour

C'est ce qui est donné de constater avec l'affaire *Commission des Droits de l'Homme et des Peuples c. Libye.* Dans cette affaire, la Cour, par suite du refus d'exécuter sa décision, avait toute de même « *invité la Lybie à collaborer et à se conformer à ses décisions* »[1] en raison de la force exécutoire dont sont revêtues ses ordonnances portant mesures provisoires.

193. De la nécessité de la résilience. Dans notre entendement, il est nécessaire pour les juges de la CADHP de ne pas se priver de réaffirmer continuellement toutes les fois qu'ils pourront, l'obligation pour les États de se conformer à leurs ordonnances. Car, comme les instruments le disposent, les ordonnances portant mesures provisoires ont la même valeur juridique contraignante que les arrêts de la Cour.

Au regard de tout ce qui a été démontré, on peut être admis à dire que dans le cadre des mesures provisoires devant la Cour d'Arusha, le caractère contraignant des mesures provisoires est consacré. Qu'en est-il de sa surveillance annoncée ?

Paragraphe 2 : Une portée juridique surveillée

193. La compréhension de la surveillance. Surveillance, du verbe surveiller qui signifie « *Observer avec une attention soutenue, de manière à exercer un contrôle* »[2], traduit ici l'idée que la valeur juridique contraignante qui est d'un confort pour les mesures provisoires de la CADHP fait l'objet d'un contrôle. Ce contrôle, nous tenons à le préciser, n'est pas matériellement un contrôle de légalité. Il s'agit, en réalité, d'un contrôle qui

---

[1] Cour africaine des droits de l'Homme et des peuples, Affaire *Commission des Droits de l'Homme et des Peuples c. Libye,* Requête n° 002/2013.

[2] Dictionnaire le Robert illustré, *Op. cit.*, p. 1811.

a pour but de forcer les États à se soumettre à l'autorité des décisions de la Cour. En d'autres termes, il ne s'agit pas de contrôler si le comportement d'un État est conforme aux textes, mais il s'agit tout simplement, d'actions tendant à faire pression sur les États dans le but de les amener à exécuter de bonne foi les ordonnances et arrêts de la Cour. C'est ce qui justifie le choix du terme « surveillance ».
Il faut le dire, le mécanisme de surveillance peut être juridictionnel **(A)** ou non juridictionnel **(B).**

A. Le mécanisme juridictionnel de surveillance

194. La CADHP, actrice principale. Relativement à la question de la surveillance juridictionnelle de la portée juridique contraignante des mesures provisoires, il est permis de relever que la Cour est la principale actrice qui entre en ligne de compte. Ainsi, dans le cadre de la surveillance qu'effectue la Cour Africaine, on se doit de comprendre et d'y ajouter tous les mécanismes par lesquels, la Cour procède pour parvenir à la mise en œuvre effective de ses décisions. Il sera donc question d'aborder le mécanisme juridictionnel de surveillance comme étant principalement animé par la Cour **(1)** avant de nous attarder sur l'étude des moyens de pression dont dispose la Cour pour atteindre ses objectifs (**2).**

1. Un mécanisme animé par la Cour

195. Les fondements de l'animation. Il est donné de lire à la règle 59 du Règlement intérieur de la Cour que concernant les mesures provisoires qu'elle prononce, « *les parties à l'affaire, la Commission, la Conférence, le Conseil exécutif, et la Commission de l'UA sont dûment informés par la Cour des mesures provisoires prises* »[1]. La

---

[1] Règle 59.

Cour est tenue d'établir « *un rapport qu'elle soumet annuellement à la Conférence* »[1], elle y fait « *état des mesures provisoires qu'elle a ordonnées durant la période de référence. En cas de non-respect de ces mesures par l'État concerné, la Cour formule les recommandations qu'elle estime appropriées* »[2]. On infère de ces différentes dispositions que la Cour joue un rôle important, voire dynamique dans la question de l'exécution des ordonnances qu'elle rend. En effet, son rôle ne se limite pas au seul stade du prononcé des mesures provisoires, la Cour dispose d'attributs qui partent bien au-delà de cet aspect pour s'intéresser à la question de l'effectivité. C'est le constat de cette place qui est reconnue à la Cour qui nous amène à dire que cette dernière est au cœur du mécanisme juridictionnel de surveillance de la portée juridique des mesures provisoires, car tout est censé être déclenché par elle.

196. Le déclenchement de l'animation. S'agissant de la procédure de l'animation de la surveillance par les juges de la CADHP, on est fondé à dire qu'elle consiste en un déclenchement. Autrement dit, le rôle de la CADHP est d'actionner la procédure de la surveillance non juridictionnelle. Cela est d'autant plus vrai, dans la mesure où, la CADHP en elle-même, ne dispose pas de moyens pouvant lui permettre de surveiller pratiquement l'exécution de ses décisions. Elle est donc obligée de se rabattre à d'autres entités pour y parvenir.

Au terme de cette analyse, on note que la CADHP jouit d'un rôle prépondérant dans la réalisation de la surveillance de la portée juridique des mesures provisoires. Mais, de ce rôle prépondérant, se dessine la naissance de mécanisme de pressions comme confort.

---

[1] Règle 59.

[2] *Idem.*

2. Un mécanisme au moyen de pression large

197. La saisine d'entités politiques. Relativement aux moyens de pression que nous jugeons larges et qui s'attèlent à rendre la surveillance efficace, la règle 59 du Règlement intérieur de la Cour ne manque d'être le fondement d'une telle assertion. En effet, à lire cette disposition, on note que, la Cour a la possibilité de saisir une variété d'entités, voire d'institutions qui sont à même de lui faciliter la tâche dans la recherche de l'effectivité. Ces entités sont : la Commission, la Conférence, le Conseil exécutif, et la Commission de l'UA[1].

198. Des sanctions politiques possibles. Il faut le dire dès l'entame, les sanctions dont il est ici question sont en fait d'ordre politique, privatives de droits, de qualités et de nature économique. En effet, on peut le dire, la quasi-majorité de ces entités possèdent notamment la compétence d'infliger aux Membres des sanctions privatives de droits ou de qualités. Ainsi, à défaut de prononcer à l'encontre de l'État défaillant des sanctions de nature pénale comme on le voit dans l'ordre juridique interne, ces institutions ne s'attardent qu'au seul prononcé de sanctions de nature politique et économique. Elles sont diverses et diversifiées. Toutefois, mise en relation avec l'inexécution des mesures provisoires, on se doit d'expliquer la manière dont la sanction intervient. L'annonçant, en procédant par hypothèse[2], on peut être admis à dire que cela consistera au fait pour les organisations dont cet État est membre de prendre acte de la situation de refus d'exécuter et de prononcer la sanction qui s'y attache.

---

[1] Règle 59.

[2] Jusqu'à présent, une telle situation ne s'est encore produite.

C'est la conjugaison de ces analyses précédentes qui permet de comprendre le mécanisme juridictionnel de surveillance. *Quid* de la surveillance non juridictionnelle ?

B. Le mécanisme non juridictionnel de surveillance

199. Un rôle assuré par les institutions communautaires. On note, dès les premières lignes de la présente étude, que le mécanisme non juridictionnel de surveillance ici mis en exergue intéressera l'ensemble des moyens permettant d'assurer une application effective des décisions émises par la Cour, mais qui ont la particularité de ne pas émaner d'une juridiction. Dans cet esprit, plusieurs échantillons s'offrent à nous[1]. Mais, il convient de ne s'attarder qu'aux réflexions que permet la Commission Africaine des Droits de l'Homme et des Peuples. Dans cet ordre d'idée, nous proposons d'analyser la partition de la commission **(1)** avant d'envisager le dialogue institutionnel que cela permet entre la Commission et la Cour **(2).**

1. La partition de la Commission

200. Une partition timide. Parler d'une partition timide, n'est-ce pas faire preuve d'une certaine exagération ? À ce sujet, notons que, même si le terme peut paraitre choquant, il n'est cependant pas saugrenu de le dire. Cela en raison du fait que la Commission, relativement à la surveillance qu'elle peut théoriquement assurer, on ne peut en être certain. On le dit en raison du fait que la commission africaine des droits de l'Homme est l'un des organes qui a le plus subi les affres du refus d'exécution. En vérité, elle a fait l'objet de beaucoup de critiques. On a même pu lire que

[1] Comme indiqué dans le cadre d'analyse antérieure, la surveillance de la portée juridique des mesures provisoires inclues plusieurs acteurs communautaires à l'instar de la Commission, la Conférence, le Conseil exécutif et de la Commission de l'UA.

relativement à ses décisions, les cas où les États *« ont suivi les mesures préconisées sont nettement moins nombreux que ceux dans lesquels ils ont ignoré les demandes de la Commission africaine »*[1]. On en déduit que la surveillance assurée par la Commission est relativement timide.

201. Une partition dénuée de portée. De plus, à ce constat, s'ajoute également la portée juridique des décisions de la Commission qui spontanément ne peuvent qu'inquiéter. En effet, on peut observer avec Parfait OUMBA que « *statutairement, les mesures provisoires adoptées par la Commission africaine ne sont revêtues d'aucune force obligatoire : elles sont tout au plus assimilables à des recommandations. Dans ces conditions, il n'est pas étonnant que leur efficacité soit demeurée toute relative, ou pour le moins fort inégale selon les États destinataires. En effet, les cas dans lesquels les États défendeurs ont suivi les mesures préconisées sont nettement moins nombreux que ceux dans lesquels ils ont ignoré les demandes de la Commission africaine* »[2]. Ce qui a pour conséquence de ne pas faciliter la surveillance dont est chargée la Commission.

On infère donc que la partition jouée par la Commission est de nature timide et qu'elle est également effritée par la relative portée des décisions de la Commission. Mais, cela n'empêche pas de trouver des éléments positifs, surtout au regard du dialogue institutionnel que ladite entité a avec la Cour.

---

[1] *Communication 240/2001, Interights c. Botswana.*

[2] Parfait OUMBA, « Juridictions internationales et procédures d'urgence en matière des droits de l'Homme », *Art. cit.*, p. 11.

2. Le dialogue institutionnel entre la Cour et la Commission

202. La matière du dialogue. La première observation que l'on pose immédiatement quant à l'implication de la Commission dans la surveillance de la portée juridique des mesures provisoires est que celle-ci entraine un dialogue intéressant entre ces deux institutions. Mais, ce dialogue semble à première vue être axé sur une matière précise, celle de l'exécution des ordonnances portant mesures provisoires[1], puisque lorsque la Cour fait un rapport à la commission, ledit rapport est généralement destiné à faire le point sur l'ensemble des décisions non exécutées et des décisions exécutées.

203. L'intérêt du dialogue. Ce dialogue institutionnel entre la commission et la Cour présente un intérêt certain. Cet intérêt repose fondamentalement sur l'effectivité de la protection des droits fondamentaux. À ce sujet, il est possible de se dire que ce dialogue aura pour conséquence d'entrainer un double mouvement de protection des droits fondamentaux, c'est-à-dire un mouvement juridictionnel couplé d'un mouvement non juridictionnel de protection préventive des droits de l'Homme.

En définitive, la portée juridique des mesures provisoires de la CADHP, en plus d'être consacrée, fait également l'objet d'une surveillance accrue. Cela concourt donc à la compréhension du confort dont bénéficie la technique des mesures provisoires de la CADHP. Dans la continuité de la réflexion, on note loisiblement qu'en plus de bénéficier d'un confort qui n'est pas à plaindre, il existe un mécanisme qui se déploie également pour renforcer ce confort déjà

[1] Règle 59.

acquis. Nous entendons faire ici référence au régime général de la responsabilité internationale

SECTION II : L'OBLIGATION DE RÉPARATION, GAGE DE L'EXÉCUTION DES MESURES PROVISOIRES

204. La compréhension de l'obligation de réparation. Comme dans l'ordre interne, l'ordre juridique international connait également de la question de la responsabilité. On comprend l'existence de ce mécanisme au travers du fait que dans toute société humaine, « *certaines conséquences légales sont attachées au manquement à la règle de droit* »[1]. Cela a toujours été considéré comme gage de cohésion et de bonne entente ; et dans les relations interétatiques, la responsabilité internationale est un important facteur de rapport de bon voisinage. Ainsi, dans le cadre des droits de l'Homme, relativement aux fonctions du juge « *s'il lui appartient de trancher les controverses que lui soumettent les parties, en retenant la solution juridique qui emporte l'adhésion, le juge ne peut pas raisonnablement se soustraire à son devoir de réparer, car seule la réparation permet d'offrir une solution juste et de préserver la paix judiciaire* »[2].

La responsabilité, du latin *respondere* qui signifie « *répondre* » est un principe qui dans le langage courant traduit l'idée que « *l'auteur de la violation d'une obligation juridique doit en répondre à l'égard du sujet auquel il a causé préjudice en portant atteinte à ses droits* »[3]. Il s'agit à vrai dire d'une obligation pour l'auteur du préjudice de

---

[1] Pierre Marie DUPUY et Yann KERBRAT, *Droit international public*, *Op. cit.*, p. 555.

[2] Ludovic HENNEBEL et Hélène TIGROUDJA, *Traité de droit international des droits de l'homme,* Paris, Éditions A. Pedone, 2016, p. 1369.

[3] *Ibidem.*

procéder à la réparation des conséquences dommageables résultant de son manquement.
Mise en rapport avec le droit international, on note que la responsabilité internationale, pour se prêter au contexte, « *correspond ainsi d'abord à une sorte de responsabilité civile transposée dans l'ordre interétatique* »[1]. Il est donc question d'une « *relation élémentaire entre violation de la légalité et obligation de réparation* »[2]. C'est ce que confirme la décision rendue par la Cour Permanente de Justice Internationale dans l'affaire *Usine de Chorzow* quand elle affirme que « *c'est un principe du droit international, voire une conception générale du droit, que toute violation d'un engagement comporte l'obligation de réparer* »[3]. Ainsi, indépendamment du cadre institutionnel dans lequel nous sommes, il y'a matière à mettre en jeu la responsabilité internationale d'un État dès le moment où ce dernier a manqué d'exécuter un engagement qu'il a souverainement contracté. Mais, il faut le dire, la question n'est pas toute aussi simple dans la mesure où « *si la réparation en tant que partie intégrante de la justice est en soi peu débattue, elle n'est pas si évidente et incontestée en droit international des droits de l'Homme* »[4]. En effet, la question de l'existence d'un droit individuel international à la réparation des dommages est peu développée dans les écrits présents. Pourtant, comme le relève Enzo Cannizzaro, le droit individuel international à la réparation des dommages « *is one of the most controversial questions in*

---

[1] Ludovic HENNEBEL et Hélène TIGROUDJA, *Traité de droit international des droits de l'homme,* Paris, Éditions A. Pedone, 2016, p. 1369.
[2] *Ibidem.*
[3] Cour permanente de justice internationale, 13 septembre 1928, Affaire *Usine de Chorzow* (Allemagne c. Pologne).
[4] Ludovic HENNEBEL et Helène TIGROUDJA, *Traité de droit international des droits de l'homme,* Paris, Éditions A. Pedone 2016, p. 1369.

the law of State responsability »[1]. C'est également le même constat que ne manque de faire Isabelle PIANCENTINI DE ANDRADE quand celle-ci écrit que « *[l] a réparation internationale de dommages individuels est [...] un sujet nouveau et peu réglementé en droit des gens* »[2].

Au travers de ce qui vient d'être évoqué, on peut aisément se rendre compte de ce que l'évocation de l'existence d'une obligation générale de réparation peut paraitre comme non fondamentalement consacrée. D'ailleurs faut-il rappeler que la responsabilité repose effectivement « *sur une fiction* »[3]. Mais, l'état de la jurisprudence des différentes juridictions des droits de l'Homme permet de parvenir au constat de ce que ces dernières ont fini par placer au cœur du procès des droits de l'Homme, la question de la réparation tant sur un plan juridique et technique extrêmement sophistiqué[4].

205. La question de la responsabilité internationale des États devant la CADHP. Devant la Cour Africaine des Droits de l'Homme et des Peuples, on note que le fait pour un État partie au Protocole de la Cour de manquer à l'exécution d'une ordonnance portant mesures provisoires est susceptible d'être considéré comme un motif de mise en jeu de sa responsabilité internationale[5].

Alors, la compréhension de ce qu'est la responsabilité internationale couplée à la lecture de quelques dispositions des instruments de la Cour permettent d'aboutir à l'idée

---

[1] Enzo CANNIZZARO, *Unité et diversité du droit international. Écrits en l'honneur du Professeur Pierre-Marie Dupuy,* Leiden/Boston : Martinus Nijhoff Publishers, 2014, p. 495.

[2] Isabelle PIANCENTINI DE ANDRADE, *La réparation dans la jurisprudence de la Cour interaméricaine des droits de l'homme,* Thèse dact. Université de Paris 2, 2013, p. 8.

[3] Ludovic HENNEBEL et Helène TIGROUDJA, *Op.cit.*, p. 1371.

[4] *Ibid.,* p. 1370.

[5] Mamadou MEITÉ, « Les mesures provisoires, une technique… », *Art. cit.,* p. 4.

que, le régime général de la responsabilité internationale permet une mise en jeu de la responsabilité des États devant la CADHP **(Paragraphe 1)** et la réparation des dommages causés par la non-exécution des ordonnances de la Cour portant sur les mesures provisoires **(Paragraphe 2).**

Paragraphe 1 : Une mise en jeu possible de la responsabilité des États devant la CADHP

206. Le support de la responsabilité des États devant la Cour. Dans le cadre de la CADHP, la question de la mise en jeu de la responsabilité des États pour non-exécution d'une ordonnance portant mesures provisoires repose foncièrement sur le Protocole relatif à la Cour Africaine des Droits de l'Homme et des Peuples. Et qui plus est, il s'agit du même article qui sert de fondement légal aux mesures provisoires. Il est donné de lire à l'article précité, en son alinéa 1er que *« lorsqu'elle estime qu'il y a eu violation d'un droit de l'Homme ou des peuples, la Cour ordonne toutes les mesures appropriées afin de remédier à la situation, y compris le paiement d'une juste compensation ou l'octroi d'une réparation »*. On infère donc, de ce qui précède, que les textes de la Cour consacrent le principe de la réparation. Ainsi, pour engager la responsabilité d'un État n'ayant pas respecté son engagement[1] à exécuter les ordonnances en matière de mesures provisoires d'arrêts, la Cour peut voir sa responsabilité être engagée à travers la procédure de la réparation.
Alors, il convient pour nous de mettre en exergue l'élément constitutif de la faute et qui fonde donc les actions en responsabilité dirigées contre les États pour la non-

[1] Article 30 du Protocole sur la Cour. Cet article dispose que « *les États parties au présent Protocole s'engagent à se conformer aux décisions rendues par la Cour dans tout litige où ils sont en cause et à en assurer l'exécution dans le délai fixé par la Cour* ».

exécution d'une ordonnance portant mesures provisoires **(A)**. Mais, en même temps, il sera question pour nous de démontrer en quoi une telle responsabilité s'inscrit dans le régime général de la responsabilité internationale **(B).**

A. Une responsabilité fondée sur la violation de la Charte et des instruments de la Cour

207. Des normes de références justifiées. Dans la continuité des pistes de réflexion ouvertes par Mamadou MEITÉ au sujet de la mise en jeu de la responsabilité des États pour non-respect de leur engagement souscrit en vertu de la Charte, et par ricochet de leur obligation d'exécuter les ordonnances portant mesures provisoires[1], on ne manque pas de s'interroger. Il ne s'agit pas à vrai dire d'une réflexion profonde, mais d'une réflexion qui pourrait paraître comme assez classique pour ceux dont l'expertise n'est plus à démontrer. Mais, parallèlement, on ne peut manquer de chercher des réponses claires à cette inquiétude. Il est question de se poser avec acuité l'interrogation de savoir quels sont les instruments qui servent de fondement à l'action en responsabilité évoquée. Autrement dit, quels sont les instruments dont la violation est nécessaire pour engager l'action en responsabilité ? Puisqu'une telle responsabilité ne peut exister que si elle a pour but de sanctionner la violation d'un texte considéré comme une norme internationale pourvue de l'effet de faire naitre à l'encontre de l'État des obligations dont la violation est sanctionnable.

À ce titre, on note que ce sont principalement la Charte Africaine des Droits de l'Homme et des Peuples et le Protocole portant création de la Cour qui sont dans le cadre des actions en réparation devant la CADHP, considérés comme normes violées **(1)**. Après quoi, nous nous

---

[1] *Idem.*

intéresserons aux différentes formes de violation possible **(2).**

1. La Charte et les instruments de la Cour comme normes violées

208. Du caractère contraignant des instruments en question. On tient à rappeler que le caractère contraignant de la Charte et du Protocole de Ouagadougou ne pose pas tant de difficulté[1]. Cela ne nécessite pas vraiment de longues démonstrations, au risque de s'écarter de notre démarche et d'appréhender la question sous un angle incohérent, eu égard à l'idée maitresse. Ainsi, revenant à notre contexte, traitant de la question du caractère contraignant de la Charte et du Protocole sur la Cour, nous avons tout simplement voulu mettre en perspective l'idée selon laquelle, ces instruments ont été choisis comme acte de référence, donc comme des actes dont la violation peut entrainer une action en responsabilité en raison de la contrainte qui leur est attachée.

209. Pour la nécessité d'une protection. Pour nous, le recours à ces instruments s'inscrit dans une dynamique de protection. Laquelle protection est entièrement dédiée aux droits de l'Homme consacrés par la Charte. En effet, on part du constat que la protection des droits fondamentaux via la technique des mesures provisoires ne saurait être rendue possible que s'il existe des mécanismes qui ont le mérite d'offrir une certaine assurance. Une assurance de ce que même si le droit dont on a voulu la protection n'a pas pu être totalement protégé, qu'il puisse y avoir des possibilités d'engager la responsabilité des acteurs défaillants. C'est ce

[1] Cf. Article 30 du Protocole sur la Cour.

que ne manque pas de nous faire comprendre la décision rendue par la CADHP en l'affaire Ajavon *c. Bénin*[1].

210. La violation de la Charte et du protocole comme élément constitutif de la faute. On le sait, pour engager la responsabilité internationale d'un État, il faut au préalable un élément constitutif de faute. Il peut ainsi s'agir d'une faute résultant d'un fait internationalement illicite[2] ou d'un fait internationalement licite[3]. Dans tous les cas, il faut nécessairement une faute. Et comme le relève Mamadou MEITÉ, la non-exécution des mesures provisoires emporte la responsabilité internationale de l'État pour violation d'une obligation internationale[4]. Ainsi, il convient de dire que la violation de la Charte et du protocole est l'élément constitutif de la faute pouvant servir de fondement à la mise en jeu de la responsabilité des États.
En définitive, on peut remarquer que c'est le manquement aux engagements souscrits en vertu de la Charte et du protocole sur la Cour que la responsabilité trouve son fondement. Mais, ne convient-il pas de s'intéresser aux différents types d'actions susceptibles d'être considérées comme les formes de la violation des droits reconnus par la Charte ?

---

[1] Cour africaine des droits de l'Homme et des peuples, Affaire *Ajavon c. Bénin,* (réparations), Requête N° 013/2017.

[2] Dionizio ANZILOTTI propose de définir la notion de fait internationalement illicite comme « *le concours de deux éléments : l'action, c'est-à-dire un fait matériel, extérieur et sensible, et la règle de droit, avec laquelle elle se trouve en contradiction [...]. L'acte illicite international est un acte en opposition avec le droit objectif international* ».

[3] Il s'agit là de dommages causés par un État à l'occasion d'activités « non interdites par le droit international ». Voir Pierre Marie DUPUY et Yann KERBRAT, *Op. cit.,* p. 572.

[4] Mamadou MEITÉ, « Les mesures provisoires, une technique judiciaire… » *Art. cit.,* p. 4.

2. Une violation possible par action ou par omission

211. Des formes de violation classique. Relativement, au régime général de la responsabilité internationale, on le sait déjà, la question des comportements caractérisant la violation des règles s'analyse soit en des actes de commission soit en des actes d'omission. Comme le relève Mamadou MEITÉ, ces types de violation peuvent également caractériser la violation par les États de leur obligation d'exécuter les ordonnances portant mesures provisoires. C'est certainement par l'adéquation d'une telle analyse que Mamadou MEITÉ a pu affirmer que *« la prise de telles mesures [les mesures provisoires] conduit généralement à une obligation de faire ou de ne pas faire »*[1]. Ainsi, la violation d'une ordonnance de la CADHP pourrait se matérialiser par le fait pour un État de s'abstenir d'exécuter ou de ne pas se priver de faire quelque chose qui lui a pourtant été interdit par les juges. Mais, cela n'est pas sans influence sur le fait que ces violations, qu'elles soient d'omission ou de commission, sont forcément commises dans le cadre d'activités non permises par le droit international. Il s'agit d'acte de contestation des décisions rendues, pourtant par des juridictions dont les États ont reconnu compétence. On se retrouve donc sous le coup des faits internationalement illicites.

212. Mais des violations entrant dans le cadre des faits internationalement illicites. Poussant les réflexions, nous sommes arrivés à conclure que l'inexécution des ordonnances portant mesures provisoires rendues par la Cour constitue un acte internationalement illicite. Ceci, dans la mesure où, suivant la définition donnée par la Commission du Droit Internationale à la notion, on se retrouve dans une sphère où le comportement naturel et

---

[1] Mamadou MEITÉ, « Les mesures provisoires, une technique judiciaire… » *Art. cit.*, p. 4.

légal des États aurait été d'exécuter les décisions rendues par la Cour. Cela est d'autant plus conforté comme analyse par les juges de la CADHP.

À vrai dire, lisant le raisonnement des juges dans l'affaire *Ajavon c. Bénin*[1], il est permis de relever qu'« *en matière de réparation, que pour examiner les demandes en réparation des préjudices résultants des violations des droits de l'homme, elle tient compte du principe selon lequel l'État reconnu auteur d'un fait internationalement illicite a l'obligation de réparer intégralement les conséquences de manière à couvrir l'ensemble des dommages subis par la victime* ». On infère donc que, pour que soit mise en jeu la responsabilité internationale d'un État pour refus d'exécution d'une ordonnance de la Cour, il faudrait que ce dernier soit responsable d'un fait internationalement illicite, c'est-à-dire d'un fait qui viole les règles résultantes du droit applicable par la Cour. Ce qui se réalise en l'espèce, que par la violation d'une décision de la Cour obligeant cet État en question à adopter un comportement particulier pour assurer aux ou à un individu la jouissance de ses droits.

On déduit de tout ce qui précède que ce soit par action ou par omission, la violation d'une ordonnance portant mesures provisoires par les États constitue un fait internationalement illicite.

B. Les conditions générales de la réparation

213. Les conditions générales de la réparation. La réparation, sous l'angle du droit international, suppose préalablement une mesure du préjudice à réparer. Elle se veut la juste mesure du préjudice à réparer. Par cela, il est donc important de relever que la réparation doit être autant

[1] Cour africaine des droits de l'Homme et des peuples, Affaire *Ajavon c. Bénin,* (réparations), Requête N° 013/2017.

que possible la mesure du préjudice[1]. À ce sujet, il est possible de dire qu'il faut préalablement un dommage **(1)** et un lien de causalité entre le dommage et l'acte illicite en question **(2).**

1. La condition de l'existence d'un préjudice

214. Le non-respect de l'ordonnance portant mesures provisoires comme justificatif du préjudice. Pour justifier l'existence d'un préjudice devant la CADHP, l'individu en question n'aura qu'à prouver que la non-exécution par l'État défendeur a fini par lui causer des dommages, les dommages dont la survenance avait été jugée d'imminente par la Cour.

215. Une justification à la charge de la victime. À ce sujet, on peut valablement se référer à la jurisprudence de la Cour en matière de réparation. Lecture faite, il est possible d'observer que la Cour *« fait reposer la charge de la preuve sur le requérant qui doit fournir les éléments devant justifier sa demande »*[2]. Ce qui veut dire, qu'il appartient principalement au requérant de démontrer en quoi le fait pour l'État de n'avoir pas satisfait à son engagement de mettre en œuvre les ordonnances de la Cour, en matière de mesures provisoires lui a été préjudiciable. Il s'agit donc d'une démarche qui ne se veut pas forcément lourde en termes d'implications. Mais seulement démonstratif et justificatif. Se faisant, elle a un rapport étroit avec la condition du lien de causalité.

216. Le caractère direct et certain du préjudice. Il s'agit d'une obligation qui existe dans tous les mécanismes de mise en œuvre de la responsabilité internationale. Il

---

[1] Ludovic HENNEBEL et Hélène TIGROUDJA, *Traité de droit international... Op.cit.*, p. 1418.

[2] Cour africaine des droits de l'Homme et des peuples, Affaire *Révérend Christopher R. Mtikila c. Tanzanie,* (réparations) (2014).

s'agit d'une obligation qui prévoit à la charge de la personne qui réclame la réparation d'un préjudice, d'établir en quoi l'acte imputable à un État a causé un préjudice qui l'affecte directement, qui existe et qui est non hypothétique. Il est donc question de prouver que l'on est directement touché, mais aussi démontrer la réalité du préjudice.
De plus, il est important de relever qu'il ne peut être exigé réparation que des seuls effets « immédiats » de l'acte illicite. En d'autres termes, il ne peut être exigé que la seule réparation des effets déjà nés.

2. La condition du lien de causalité

217. Une condition coutumière. Selon Hélène TIGROUDJA et Ludovic HENNEBEL, il existe un principe coutumier selon lequel « *toute action en responsabilité exige un rapport de cause à effet entre l'acte incriminé et le dommage* »[1]. Il s'agit en effet d'une obligation qui doit s'entendre de ce que « *le contenu de la violation constatée doit être la cause pure et transitive du préjudice final allégué* »[2]. Selon Brigitte STERN, le lien de causalité pur entre l'acte ou la situation illicite et le dommage est établi lorsque ce dernier en résulte « *clairement, uniquement et sans étape intermédiaire [...]* »[3].

218. Le rapprochement entre la décision non exécutée et le dommage. Dans la foulée de l'étude des décisions dc la CADHP en matière de réparation, il nous est permis d'écrire avec assurance qu'en matière de réparation « *la Cour retient également comme principe, l'existence d'un lien de causalité entre la violation et le préjudice*

[1] Ludovic HENNEBEL et Hélène TIGROUDJA, *Traité de droit international...Op.cit.*, p. 1419.
[2] *Idem.*, p. 1418.
[3] Brigitte STERN, *Le préjudice dans la théorie de la responsabilité internationale,* Paris, Pedone, 1973, pp. 186-187.

allégué »[1]. Ainsi, un justiciable victime de la non-exécution par un État d'une ordonnance portant mesure provisoire, parvient à assurer le lien de causalité entre le préjudice qui en résulte et la non-exécution de l'ordonnance, s'il justifie que le préjudice en cause résulte de l'acte de l'État en cause. Aussi, il faut noter que la pratique jurisprudentielle de la Cour donne de constater une catégorisation des liens de causalité. En effet, il y'a le lien de causalité « transitif » et le lien de causalité « pur ». Le lien de causalité sera dit « transitif » si le justiciable parvient à démontrer par exemple que la non-exécution par un État, de l'ordonnance de la Cour l'enjoignant de procéder à sa libération, a entrainé une privation ou la perte de son emploi. En revanche, le lien de causalité est dit « pur » quand le préjudice évoqué résulte de la conséquence directe de la violation de droits de l'Homme.

219. Un lien soumis à l'appréciation du juge. Ici, on entend signifier que même s'il est vrai qu'il appartient au requérant d'établir l'existence du dommage qu'il a subi, il n'en demeure pas moins que c'est à la Cour que revient en dernière partie, l'appréciation de la plausibilité des éléments de preuve avancés, des démonstrations effectuées et en dernier l'existence d'un lien de causalité. D'ailleurs, la Cour rappelle elle-même « *qu'elle a déjà établi que les mesures de réparation des préjudices résultants des violations des droits de l'Homme doivent tenir compte des circonstances de chaque affaire et l'appréciation de la Cour s'opère au cas par cas* »[2]. Ce qui ne manque de nous

[1] Recueil de jurisprudence de la cour africaine volume 3 (2019), p. 210.
[2] Cour africaine des droits de l'Homme et des peuples, Affaires *Ayants droit de feus Norbert Zongo, Abdoulaye Nikiema dit Ablassé, Ernest Zongo et Blaise Ilboudo et Mouvement Burkinabé des droits de l'homme et des peuples c. Burkina Faso ; Lohé Issa Konaté c. Burkina Faso.*

faire comprendre qu'en la matière, les juges apprécient de manière souveraine s'il existe des raisons sérieuses de faire suite à la demande du requérant. À ce sujet, se rapportant à la décision *Mtikila c. République de Tanzanie*[1], il est possible de noter que la Cour a une conception très restrictive de la condition du lien de causalité.

Paragraphe 2 : Une réparation envisageable pour violation des mesures ordonnées par la CADHP

220. La consécration de la réparation. Lorsque les conditions de la mise en œuvre de la responsabilité internationale d'un État ayant refusé de procéder à l'exécution d'une ordonnance portant mesures provisoires sont réunies « *la Cour ordonne toutes les mesures appropriées afin de remédier à la situation, y compris le paiement d'une juste compensation ou l'octroi d'une réparation* »[2]. On infère donc de là que la question de la réparation apparait comme la conséquence logique du constat d'un acte illicite. Ce qui traduit implicitement, la condamnation de l'État défaillant à dédommager la victime. Mais, comme il est possible de relever, ce dédommagement ou du moins, l'action de la réparation du préjudice peut intervenir selon plusieurs modalités **(A)** ; lesquelles modalités laissent paraître des caractères qui ne manquent d'attirer **(B).**

A. Les modalités de la réparation

221. La variabilité des mesures de réparation. De la lecture de l'article 27 du Protocole sur la CADHP, il est donné de noter que les juges de la CADHP peuvent dans le but de permettre la réparation d'un préjudice résultant de la

---

[1] Cour africaine des droits de l'Homme et des peuples, *Affaire Christopher Mtikila c. République unie de Tanzanie,* Requête 011/2011.

[2] Cf. Article 27 du Protocole sur la CADHP.

non-exécution de l'une de ses ordonnances en matière de mesures provisoires, ordonner « *toutes les mesures appropriées afin de remédier à la situation* »[1]. On entend donc, par cette formulation, qu'il n'y a donc pas de mesures types que la Cour devrait prononcer pour réparer le préjudice. De plus, le texte ajoute à ces mesures appropriées déjà indéterminées, « *le paiement d'une juste compensation ou l'octroi d'une réparation* »[2]. Tout ceci concourt à la reconnaissance d'une pluralité de voies et moyens pour parvenir à une réparation efficace du préjudice en cause.
Mais, vu la difficulté d'identifier avec aisance les autres formes de réparation possible, il conviendra pour une bien meilleure appréhension de la question de la réparation de ne s'intéresser qu'à la seule compensation **(1)** et à la réparation **(2)**.

1. Une compensation possible

222. Définition de la compensation. De manière générale, on peut appréhender la notion de compensation comme le rétablissement d'un *« équilibre légitime entre deux patrimoines »*[3] *c'est donc la réparation « par un mouvement de valeur équivalent, le déséquilibre patrimonial créé au détriment d'une personne du fait de l'inexécution par une autre de ses obligations envers la première* »[4]. Mais, dans une approche plus restrictive et contextualisée à la responsabilité, la compensation apparait davantage comme une « *somme d'argent destinée [...] à réparer exactement le préjudice (celui qui résulte de l'inexécution de l'obligation), de telle sorte que la victime n'en retire ni profit ni perte* »[5]. On retient donc que la

[1] Cf. Article 27 du Protocole sur la CADHP.
[2] *Idem.*
[3] Gérard CORNU, Vocabulaire juridique... *Op. cit.,* p. 478
[4] *Ibidem.*
[5] *Ibidem.*

compensation sert à rétablir un équilibre, une situation entière sans toutefois excéder le seuil de ce qui a été perdu. En d'autres mots, il s'agit d'une simple action de remplacement en l'état, une remise au *statu quo ante*.

223. Des difficultés de la réalisation d'une compensation. De cette définition de la notion de compensation se dessine une certaine difficulté relativement à sa mise en œuvre. En effet, on peut loisiblement s'interroger de la manière dont il est possible de procéder à une réparation par compensation dans la mise en jeu de la responsabilité d'un État pour la non-exécution de son engagement d'exécuter les ordonnances de la Cour en matière de mesures provisoires. À vrai dire, on part de l'idée que la compensation suppose de manière laconique, réparation exacte, et en tant que telle, elle suppose également que dans le processus de la réparation d'un préjudice résultant de la violation des droits de l'Homme par suite du non-respect d'une ordonnance, que ledit préjudice soit réparé avec exactitude. Pour nous, une telle réparation n'est pas foncièrement réalisable pour tous les droits. À notre avis, elle ne vaut que pour les droits de l'Homme dont la violation met en jeu des éléments qui sont évaluables en argent, à l'instar du droit de propriété. En fait, à y réfléchir, c'est la difficulté qui nous vient à l'esprit de manière spontanée ; car, nous nous posons la question de savoir comment pourrait intervenir une action en compensation, à la suite, d'un préjudice en lien avec le droit à la vie, plus précisément dans le cadre d'une situation de mise à exécution, en dépit d'une interdiction faite par la Cour. Cela nous apparait difficilement réalisable. C'est cette difficulté que Emmanuel DECAUX et Olivier DE FROUIVILLE relèvent en soutenant que « *souvent le retour au statu quo ante est impossible, par exemple* *lorsque le préjudice est la destruction irréparable d'un bien ou la privation de la vie »*[1].

Au terme, de la présente analyse qui portait sur la question de la compensation, nous notons qu'elle est une modalité de réparation d'un préjudice, mais qu'elle s'avère difficilement réalisable à tous les droits de l'Homme. Ce qui nous amène ainsi à savoir ce que revêt la réparation proprement dite.

2. Une réparation proprement dite envisageable

224. L'appréhension de la réparation. S'agissant de la réparation proprement dite ; nous proposons de l'appréhender comme *« le rétablissement de l'équilibre détruit par le dommage consistant à replacer, si possible, la victime dans la situation où elle serait si le dommage ne s'était pas produit »*[2]. Il s'agit d'un mode alternatif de dédommagement qui consiste à rechercher un équilibre entre le préjudice subi et la manière dont on entend procéder à sa réparation.

225. Les modalités de la réparation. Au sujet, des modalités de la réparation, on note déjà que depuis la CPJI, la variabilité des modalités de réparation avait été reconnue. Pour s'en convaincre, on peut s'atteler à la lecture de la décision de la CPJI rendue en l'affaire de l'*Usine de Chorzow.* Dans ladite affaire, la Cour avait reconnu que « *le principe essentiel qui découle de la notion même d'acte illicite (...) est que la réparation doit autant que possible effacer toutes les conséquences de l'acte illicite et rétablir l'état qui aurait vraisemblablement existé si ledit acte n'avait pas été commis. Restitution en nature ou, si elle n'est pas possible, paiement d'une somme correspondant à*

---

[1] Emmanuel DECAUX et Olivier DE FROUVILLE, *Droit international public,* Dalloz, 12e édition, 2020, p. 460.

[2] *Ibid.* p. 1897.

la valeur qu'aurait la restitution en nature »[1]. Ainsi, pour parvenir à la réparation du préjudice, il existe une pluralité de moyens pouvant être mis en mouvement. On peut citer à ce titre la restitution en nature ou le paiement d'une somme comme des moyens de réparation.
On retient donc qu'il existe en plus de la compensation, un autre type de réparation, la réparation proprement dite qui permet à la victime d'obtenir un dédommagement en raison de la violation de ses droits. Au regard de ce qui précède, il nous convient de procéder à l'étude des caractères de la réparation.

B. Les caractères de la réparation

226. La compréhension des caractères de la réparation. La notion de caractère, renvoyant à ce qui apparait comme l'ensemble des éléments nécessaires à la reconnaissance, voire à la qualification d'une chose, alors, ici, il s'agira de mettre à nu les différents éléments concourant à l'identification même d'un préjudice résultant de la non-exécution, d'une ordonnance. À ce sujet, il est possible de retenir que la réparation a un caractère subjectif **(1)** et qu'elle intervient de manière intégrale **(2)**.

1. Le caractère subjectif de la réparation

227. La prise en compte des circonstances de l'espèce. La Cour a dans l'une de ses affaires, soutenu que « *les mesures de réparation doivent, selon les circonstances particulières de chaque affaire, inclure la restitution, l'indemnisation, la réadaptation de la victime et les mesures propres à garantir la non-répétition des violations,*

---

[1] Cf. Affaire *Usine de Chorzow* (Allemagne c. Pologne).

compte tenu des circonstances de chaque affaire »[1]. On en déduit que, dans la perspective du prononcé des dommages et intérêts dus par un État en raison de la violation des droits d'une partie à l'instance, que les dommages et intérêts sont censés prendre en compte tous les éléments de l'espèce. Ce qui sous-entend qu'il appartient à la Cour de tenir compte de la nature et de l'intensité des droits violés afin de prononcer une indemnisation à la hauteur du préjudice subi.

228. Une appréciation casuelle. Relativement, au caractère casuel de la réparation, nous entendons insister sur le fait que la réparation du préjudice lorsqu'elle est prononcée par les juges de la CADHP, est faite au cas par cas. Ceci, pour dire que la réparation du préjudice est fortement émaillée par la subjectivité. Une subjectivité qui témoigne de la recherche de la meilleure manière de garantir une réparation juste et effective.

Au terme de notre analyse, on peut conclure que la réparation du préjudice présente un caractère subjectif, auquel caractère s'ajoute l'intégralité qui caractérise la réparation des préjudices.

2. Le caractère intégral de la réparation

229. L'effacement des conséquences de la violation. Selon la Cour, « *elle tient compte du principe selon lequel l'État reconnu auteur d'un fait internationalement illicite a l'obligation de réparer intégralement les conséquences de manière à couvrir l'ensemble des dommages subis par la victime* ». À s'accorder avec la Cour, on se doit de reconnaitre que pour cette dernière, le bien-fondé de la réparation réside dans la réparation intégrale du préjudice. Une réparation qui est de nature à couvrir l'ensemble des dommages. Il s'agit de veiller à ce que les dommages

[1] Cour africaine des droits de l'Homme et des peuples, Affaire *Ingabire Victoire Umuhoza c. Rwanda*, Requête N° 003/2014.

résultant de la violation puissent être véritablement couverts. Cela est principalement dû au fait que la réparation du préjudice recherche le rétablissement effectif du *statu quo ante.* C'est-à-dire, la situation antérieure dans laquelle la victime était avant la violation irréversible de ses droits, par la non-exécution de l'ordonnance rendue par la Cour, à l'encontre de l'État défendeur.

230. La recherche du *Statu quo ante.* À lire, les caractères et les modalités que présente la réparation des dommages résultant de la non-exécution des ordonnances de la Cour en matière de mesures provisoires, l'impression première qui se dégage est qu'ils sont tous mus par la recherche d'un *statu quo ante.* Pour faire simple, il s'agit, de l'idée que le rétablissement efficace de la situation dans laquelle se trouvait la victime avant que la violation soit intervenue est principalement la situation qui est recherchée par la Cour au travers de la réparation qu'elle ordonne. C'est ce que ne manque de confirmer la décision rendue par la Cour en l'affaire *Alfred Agbesi Woyome c. Ghana*[1]. En effet, dans cette affaire, la Cour n'avait pas manqué de relever que la réparation devait principalement avoir pour but de parvenir à un rétablissement de la situation dans laquelle la victime était, antérieurement à la commission de la violation en cause. Ce qui nous faire dire que la recherche du *statu quo ante* est l'objectif que doit atteindre la réparation prononcée.

On est fondé à soutenir que la réparation du préjudice se fait également de manière intégrale. C'est-à-dire une réparation, qui tend à satisfaire au mieux la victime.

[1] Cour africaine des droits de l'Homme et des peuples, Affaire *Alfred Agbesi Woyome c. Ghana*, Requête N° 001/2017.

CONCLUSION DE LA DEUXIÈME PARTIE

231. La performance de la dynamique de la prévention de la violation des Droits de l'Homme par la CADHP. Au terme, de cette étude portant sur la question de la prévention de la violation des droits de l'Homme à travers la technique des mesures provisoires, on note que ladite technique revêt des traits originaux. Lesquelles originalité lui permet de parvenir à la prévention de la violation irréversible des droits de l'Homme, en raison de la proactivité qui ne manque de caractériser l'allure de la protection des droits de l'Homme. De plus, il s'ajoute à cela des mécanismes qui ont pour finalité, de servir de confort à la technique des mesures provisoires, dans le but non seulement de rassurer l'exécution des ordonnances portant mesures provisoires, mais aussi de permettre une réparation d'éventuels préjudices qui pourraient survenir en cas de non-exécution par un État, d'une ordonnance portant mesures provisoires.

C'est tout ceci achève de confirmer que la technique des mesures provisoires a aussi, pour finalité, la protection des droits des requérants.

CONCLUSION GÉNÉRALE

À l'entame de la présente étude qui traite des « mesures provisoires de la Cour Africaine des Droits de l'Homme et des Peuples », il était d'abord question de comprendre la technique des mesures provisoires devant la Cour, avant de s'interroger sur leur finalité. C'est ainsi que nous sommes parvenus à comprendre que la technique des mesures provisoires de la CADHP avait un double objectif ; elle visait, non seulement la sauvegarde de l'intégrité judiciaire, mais aussi, la protection des droits des parties. Ceci nous a permis de tirer des enseignements importants sur la question des mesures provisoires, de façon générale et plus précisément sur la technique devant la CADHP.

232. Les mesures provisoires, une technique, oscillant entre l'intégrité judiciaire et la protection des droits des parties. Notre étude a contribué à poser aisément le constat selon lequel, la technique des mesures provisoires a pour finalité de « *protéger les droits des parties d'un préjudice irréparable et à maintenir la situation litigieuse en l'état. Mais elles visent également à régler la situation urgente en attendant la décision à venir sur le fond* »[1]. On a ainsi pu comprendre que la technique des mesures provisoires devant la CADHP n'était pas destinée exclusivement à la sauvegarde de l'intégrité judiciaire ; car en plus de cette finalité qui apparaissait comme sa finalité première, les mesures provisoires de la CADHP visent également la protection des droits des parties au litige.

233. Une tendance à la consécration de la technique des mesures provisoires comme un principe général de droit. Dans la même dynamique, on parvient à la conclusion que la technique des mesures provisoires devant les juridictions en matière des droits de l'Homme tant à avoir une place de plus en plus importante, dans la mesure

[1] Clélia MITIDIERI, « Les mesures conservatoires dans le système... », *Art. cit.*, p. 16.

où elle semble être quasi présente au cœur des réflexions actuelles sur la question de la prévention de la violation des droits de l'Homme. Elle est envisagée comme une technique qui, si peaufinée et bien encadrée, pourrait permettre aux juridictions internationales en matière des droits de l'Homme de parvenir à une meilleure protection desdits droits de l'Homme. On comprend mieux la raison pour laquelle, on a pu entendre à son sujet qu'elle était « *un véritable principe général du droit, commun foncièrement à tous les systèmes juridiques nationaux, et ratifié ou confirmé par la pratique des tribunaux nationaux, arbitraux, et internationaux* »[1]. Ce qui achève de démontrer la place actuelle de la technique des mesures provisoires dans le contentieux international des droits de l'Homme.

234. Une technique à améliorer. Au terme de notre analyse, il est important de relever que la technique des mesures provisoires nécessite quelques restructurations dans le but de renforcer son efficacité. Cela passe absolument par la mise en place d'un véritable corpus juridique dans les instruments de la Cour. Ceci permettrait une meilleure lisibilité et une assimilation de la technique des mesures provisoires devant la CADHP. Cela contribuera à améliorer l'exécution par les États, des décisions de la Cour en matière de mesures provisoires.

---

[1] Lawrence COLLINS, « Provisional and Protective Measures… », *Art. cit.*, p. 23.

BIBLIOGRAPHIE

I. DICTIONNAIRES

❖ CORNU (Gérard), *Vocabulaire Juridique*, Paris, Association Henry Capitant, PUF, 12e édition, 2018, 2300 p.
❖ KDHIR (Moncef), *Dictionnaire juridique de la Cour internationale de justice*, Bruxelles, Bruylant, 2e Édition. 2000, 235 p.
❖ SALMON (Jean), *Dictionnaire de droit international public*, Bruxelles, Bruylant, 2001, 1198 p.

II. OUVRAGES DE MÉTHODOLOGIE

❖ BEAU (Michel), *L'art de la thèse,* Paris, La découverte, 2006, 202 p.
❖ CABANIS (André), CROUZATIER (Jean-Marie), RUXANDRA (Ivan), SOPPELS (Jacques), *Méthodologie de la recherche en droit international, géopolitique et relations internationales*, Paris, Agence Universitaire de la Francophonie, 2010, 164 p.
❖ GREUTER (Myriam), LEROY-TERQUEM (Éric) et GÉVART (Pierre), *Réussir son mémoire et son rapport de stage*, Paris, L'Étudiant, L'intégrale, 232 p.
❖ JAILLARDON (Édith) et ROUSSILLON (Dominique), *Outils pour la recherche juridique méthodologie de la thèse de doctorat et du mémoire de master en droit*, Paris, Manuels, Agence Universitaire de la Francophonie, 2010, 184 p.
❖ KALIKA (Michel), *Le mémoire de master*, Paris, Dunod, 4e édition, 2016, 191 p.
❖ MONGREAU (Pierre), *Réaliser son mémoire ou sa thèse : Côté Jeans et Côté tenue de soirée*, Québec, Presse de l'Université du Québec, 2008, 162 p.

III. OUVRAGES GÉNÉRAUX

❖ BASTID (Paul), *L'idée de Constitution*, Paris, Economica, 1985, 197 p.

❖ BEDJAOUI (Mohammed), *Cours général de droit international public II*, Haye, Recueil des Cours de l'Académie de Droit, 2004, 325 p.

❖ BESSON (Samantha), *Droit international public, Abrégé de cours et résumés de jurisprudence*, Bern, Stämpfi, 3e édition, 2016, 662 p.

❖ BOULOUIS (Jean), *Droit institutionnel de l'Union Européenne*, Paris, Montchrestien, 1997, 236 p.

❖ BUREAU (Dominique) et WATT (Horatia Muir), *Droit international privé*, Paris, PUF, tome 1, 5e Édition, 2021, 852 p.

❖ DECAUX (Emmanuel), DE FROUIVILLE (Olivier), *Droit international public*, Paris Dalloz, 12e édition, 2020, 1539 p.

❖ DELBEZ (Louis), *Les principes généraux du droit international public*, Paris, 3e édition, 1964, 339 p.

❖ DUPUY (Pierre Marie) ET KERBRAT (Yann), *Droit international public*, Paris, Dalloz, 14e édition, 2018, 2754 p.

❖ FAVOREU (Louis) et al., *Droit des libertés fondamentales*, Paris, 2e Édition, Dalloz, 2002, 720 p.

❖ GIUDICELLI-DELAGE (Geneviève), *Institutions judiciaires et juridictionnelles*, Paris, P.U.F, 1987, 368 p.

❖ JESTAZ (Philippe) et JAMIN (Christophe), *La doctrine*, Paris, Dalloz, 2004, 314 p.

❖ KELSEN (Hans), *Théorie pure du droit*, Neuchâtel (Suisse), traduit par THEVENAZ (Henri), 2e Édition, Éditions De La Baconniere, 1999, 376 p.

❖ KOLB (Robert), *La bonne foi en droit international public : contribution à l'étude des principes généraux de droit*, Genève, Graduate Institute Geneva, Nouvelle Édition/international, 2000, 758 p.

❖ KOLB (Robert), *La Cour Internationale de justice*, Paris, Éditions, Pedone, 2013, 1356 p.

❖ MALAURIE (Philippe), AYNÈS (Laurent), STOFFEL-MUNCK (Philippe), *Droit des obligations*, Paris, LGDJ, Lextenso, 8e Édition, 2016, 1254 p.

❖ NIBOYET (Marie-Laure) et GEOUFFRE DE LA PRADELLE (Géraud), *Droit international privé*, Paris, LGDJ, 4e Édition, 2013, 703 p.

❖ PESCATORE (Pierre), *Introduction à la science du droit*, Luxembourg, Office des imprimes de l'Etat, 1978, 592 p.

❖ RANJEVA (Raymond) et CADOUX (Charles), *Droit international public*, Paris, EDICEF, Universités Francophones, 1992, 276 p.

❖ RUZIE (David) ET TEBOUL (Gerard), *Droit international public*, Paris, Les mémentos, Dalloz, 22e édition, Hachette supérieur, 2016, 354 p.

❖ SIMON (Denys), *Le système juridique communautaire*, Paris, P.U.F., 2001, 784 p.

❖ TALL (Saidou Nourou), *Droit des organisations internationales africaines, Théorie générale, Droit communautaire comparé, Droit de l'homme, Paix et sécurité*, Paris, L'Harmattan, 2015, 547 p.

❖ TALL (Saidou Nourou), *Droit du contentieux international africain* (Jurisprudences et théorie générale des différends africains), Sénégal, L'Harmattan, 2018, 564 p.

IV. OUVRAGES SPÉCIALISÉS

❖ BADIE (Bertrand), *La Diplomatie des droits de l'Homme : entre éthique et volonté de puissance*, Paris, Fayard, 2002, 328 p.

❖ BERNHARDT (Rudolf), Interim Measures indicated by International Courts, Berlin, Springer-Verlag, 1994, 154 p.
❖ BIPOUN-WOUM (Joseph-Marie), *Le droit international africain, Problèmes généraux, Règlements des Conflits*, Paris, L.G.D.J, 1970, 364 p.
❖ BURGORGUE-LARSEN (Laurence) et ÚBEDA DE TORRES (Amaya), *Les grandes décisions de la Cour interaméricaine des droits de l'Homme*, Bruxelles, Bruylant, 2008, 1092 p.
❖ BURGORGUE-LARSEN (Laurence), *Les 3 cours régionales des droits de l'homme, la justice qui n'allait pas de soi*, Paris, Pedone, 2020, 586 p.
❖ CALAMANDREI (Piero), Introduzione allo Studio Sistematico dei Provvedimenti Cautelare, Rome, Padova, 1936, 228 p.
❖ CARNELUTTI (Francesco), Diritto e Processo, Napoli, Morano, 1958, 440 p.
❖ FLOCH (Guillaume), *L'urgence devant les juridictions internationales*, Paris, Éditions Pédone, 2008, 517 p.
❖ GLELE-AHANHANZO (Maurice), *Introduction à l'organisation de l'unité africaine et aux organisations régionales africaines*, Paris, LGDJ, 1986, 574 p.
❖ GUGGENHEIM (Paul), *Les Mesures Provisoires de Procédure Internationale et leur Influence sur le Développement du Droit des Gens*, Paris, Librairie du Recueil Sirey, 1931, 130 p.
❖ HENNEBEL (Ludovic) et TIGROUDJA (Hélène), *Traité de droit international des Droits de l'Homme*. Paris, Éditions A. Pedone, 2e édition, 2018, 1705 p.
❖ KUATE TAMEGHE (Sylvain Sorel), *La justice, ses métiers, ses procédures*, Paris, 4e Édition OHADA, L'Harmattan, 1182 p.
❖ LASCOUMES (Pierre), Effectivité, in Dictionnaire encyclopédique de sociologie et de théorie du droit, Paris, LGDJ, 1993, 130 p.

❖ MADELAINE (Colombine), *La technique des obligations positives en droit de la Convention européenne des droits de l'Homme*, Paris, Dalloz, coll. Nouvelle Bibliothèque de thèses, 2014, 572 p.
❖ M'BAYE (Keba), *Les droits de l'homme en Afrique*, Paris, Édition Pedone, 1992, 312 p.
❖ MITIDIERI (Clélia), *Les mesures conservatoires dans le système de protection des droits de l'Homme*, Paris, Atelier national de reproduction des thèses, 2009, 598 p.
❖ RUIZ-FABRI (Hélène) et SOREL (Jean-Marc), (dir), *Le contentieux de l'urgence et l'urgence dans le contentieux devant les juridictions internationales : regards croisés*, Paris, collection « Contentieux international », Pedone, 2001, 210 p.
❖ SUDRE (Frédéric), *Les grands arrêts de la Cour européenne des droits de l'Homme*, Paris, collection Thémis, Droit et Science politique, 10e Édition, 2022, 1020 p.
❖ TERN (Brigitte), *20 ans de jurisprudence de la Cour Internationale de Justice : 1975-1995*, Brill, The Netherlands : Brill, Matinus Nijhoff, 1998, 1074 p.
❖ TRAN (Hélène), *Les obligations de vigilance des États parties à la Convention des droits de l'Homme*, Bruxelles, Bruylant, 2012, 406 p.
❖ WATTHÉE (Sandrine), *Les mesures provisoires devant la Cour européenne des droits de l'Homme : La protection préventive des droits conventionnels en puissance ?* Bruxelles, Éditions Anthémis, 2014, 516 p.

V. ARTICLES SCIENTIFIQUES ET CONTRIBUTIONS

❖ BADUGUE (Patrick), « La Cour Africaine des Droits de l'homme et des peuples dans le Forum permanent des Cours

régionales des droits de l'homme », *Annuaire africain des droits de l'homme*, 2020, pp. 43-59.
❖ BEDJAOUI (Mohamed), « La multiplication des tribunaux internationaux ou la bonne fortune du droit des gens », Colloque SFDI, La juridictionnalisation du droit international, Paris, Pedone, 2003, pp. 529-545.
❖ BEN ACHOUR (Rafaâ), « Les protocoles normatifs à la Charte africaine des droits de l'homme et des peuples », *Annuaire africain des droits de l'homme*, 2020, pp. 83-98.
❖ CASTELLANI-DEMBELE (Anne-Cécile), « Le caractère exécutoire des décisions du juge administratif face aux mesures provisoires indiquées par la Cour européenne des droits de l'Homme », *Civitas Europa*, volume 39, n° 2, 2017, pp. 65-86.
❖ CHAMPEIL-DESPLATS (Véronique), « Effectivité et droits de l'Homme : approche théorique », CHAMPEIL-DESPLATS (Véronique) et LOCHAK D. (dir.), À la recherche de l'effectivité des droits de l'Homme, Presses Universitaires de Paris 10, Paris, 2008, pp. 11-26.
❖ COCATRE-ZILGIEN (André), « Les mesures conservatoires en droit international », *Revue égyptienne de droit international*, volume 11, 1955, pp. 5-48.
❖ COHEN-JONATHAN (Gérard) et FLAUSS (Jean François), (dir.), « Mesures conservatoires et droits fondamentaux », Actes du séminaire organisé le 11 juillet 2002 conjointement par l'Institut international des droits de l'homme et le Centre de recherche sur les droits de l'homme et le droit humanitaire, mis à jour pour la publication, Bruxelles, Bruylant, 2005, pp. 135-144.
❖ COHEN-JONATHAN (Gérard), « De l'effet juridique des mesures provisoires dans certaines circonstances et de l'efficacité du droit de recours individuel : à propos de l'arrêt de la Cour de Strasbourg Cruz Varas du 20 mars 1991 », *Revue universelle des droits de l'homme*, 1991, pp. 24-36.

❖ CROCKETT (Clyde), « The Effects of Interim Measures of Protection in the ICJ », *California Western International Law Journal*, volume 7, 1977, pp. 33-45.
❖ DABIRE (Samson Mwin Sô Mè), « Les ordonnances de la Cour Africaine des Droits de l'Homme et des Peuples dans les affaires Sébastien Ajavon c. Bénin et Guillaume Soro et autres c. Côte d'Ivoire : souplesse ou aventure ? », Annuaire africain des Droits de l'Homme, Vol 4, 2020, pp. 482-497.
❖ DE ENTERRIA (Garcia), « De la légitimité des mesures provisoires prises par la Commission et la Cour Européenne des Droits de l'homme-l 'affaire Cruz Vera », *Revue trimestrielle des droits de l'homme*, 1992, pp. 267-364.
❖ DEBOS (Marielle), « La création de la Cour africaine des droits de l'Homme et des peuples. Les dessous d'une ingénierie institutionnelle multicentrée », BIGO (Didier), (dir), L'action humanitaire : normes et pratiques. Politique, prescriptions légales et obligations morales, Paris, L'Harmattan, 2005, pp. 159-182.
❖ DELAPORTE (Vincent), « Les mesures provisoires et conservatoires en droit international privé », Droit international privé : travaux du Comité français de droit international privé, 8e année, 1989, pp. 147-170.
❖ DELZANGLES (Béatrice), « Effectivité, efficacité et efficience dans la jurisprudence de la Cour européenne des droits de l'homme », À la recherche de l'effectivité des droits de l'homme, Nanterre : Presses universitaires de Paris Nanterre, 2008, pp. 41-57.
❖ DIOP (Abdou-Khadre), « La Cour africaine des droits des droits de l'homme et des peuples ou le miroir stendhalien du système africain des droits de l'homme et des peuples », *Les Cahiers du droit*, vol. 55, n° 2, juin 2014, pp. 529–555.
❖ DOMINICÉ (Christian)., « La compétence prima facie de la Cour internationale de Justice aux fins d'indication de

mesures conservatoires », Mélanges à l'honneur du juge Shigeru Oda, volume I, La Haye : Kluwer Law International, 2002, pp. 383-395.

❖ Donald Westlake (GREIG), « The Balancing of Interests and the Granting of Interim Protection by the International Court », Australian Yearbook of International Law, volume 11, 1991, pp. 108-140.

❖ EL ASHAAL (Abdala)., « Non-Compliance with the Provisional Measures of the ICJ », In Revue Egyptienne de droit international, volume 34, 1978, pp. 43-55.

❖ ENO (Robert), « The jurisdiction of the African court of human and peoples' rights », African Human Rights Law, 2002, pp. 223–233.

❖ FALL (Alioune Badara), « La Charte africaine des droits de l'homme et des peuples : entre universalisme et régionalisme », *Pouvoirs*, volume. 129, n° 2, 2009, pp. 77-100.

❖ FALL (Alioune Badara), « Universalité des droits de l'homme et pluralité juridique en Afrique. Analyse d'un paradoxe », Mélanges à l'honneur de Dmitri Georges Lavroff, pp. 359-380.

❖ FALL (Ibou Ibrahima), « Des structures à l'échelon régional africain pour la promotion des droits de l'homme », *Revue sénégalaise de droit*, septembre 1978, pp. 1-71.

❖ FLAUSS (Jean-François), « L'effectivité des arrêts de la Cour européenne des droits de l'Homme : du politique au juridique ou vice-versa », *Revue trimestrielle des droits de l'Homme*, n° 77, 2009, pp. 49-58.

❖ FLAUSS (Jean-François), « Notule sur les mesures provisoires devant la Commission africaine des droits de l'Homme et des peuples », Gérard COHEN-JONATHAN et Jean-François FLAUSS (S/Dir.), Collection Droit et Justice n° 36, Pierre LAMBERT (S/Dir.), Bruylant, Bruxelles, 2005, pp. 1-74.

❖ FRUMER (Philippe), « Un arrêt définitif sur les mesures provisoires : la Cour Européenne des Droits de l'Homme persiste et signe », Commentaire de l'arrêt Mamatkulov et Askarov c. Turquie du 4 février 2005, *Revue Trimestrielle des Droits de l'Homme*, N° 64, 2005 pp. 800-826.
❖ GABOU (Alexis), « Principes et mécanismes de protection des droits de l'Homme et des peuples : la Charte de Banjul », *Revue Congolaise de droit*, n° 10, juillet-décembre 1991, pp. 98-122.
❖ GAUDEMET-TALLON (Hélène), « Des difficultés soulevées par les mesures provisoires ou conservatoires dans l'espace judiciaire européen. (Civ. 1re, 27 janvier 2021, n° 19-16917, JCP 2021, 315, note G. Cuniberti) », *Revue critique de droit international privé*, volume 3, n° 3, 2021, pp. 630-638.
❖ GIANNOPOULOS (Ghistes), « Les mesures provisoires de la Cour Européenne des Droits de l'Homme face aux risques imminents de dommage irréparable : l'état des lieux d'un mécanisme téléguidé par l'urgence », BRILLAT (Manuella), FORLON (Antonin) al, (dir), Le droit face à l'urgence, mare et martin, Droit et Science Politique, pp. 75-89.
❖ GOLDSWORTHY (Peter), « Interim Measures of Protection in the ICJ », In America Journal of International Law, volume 68, n° 2, 1974, pp. 258-277.
❖ GONIDEC (Pierre-François), « Un espoir pour l'homme et les peuples africains ? La Charte africaine des droits de l'homme et des peuples », Le Mois en Afrique, juin-juillet 1983, pp. 20-54.
❖ HAMBRO (Edvard), « The Binding Character of the Provisional Measures of Protection Indicated by the ICJ », Francfort-sur-le-Main, Mélanges à l'honneur de Hans. Wehberg, 1956, pp. 105-134.
❖ HEBIE (Mamadou), « L'exécution des décisions de la Cour africaine des droits de l'homme et des peuples »,

Revue générale de droit international public, volume 121, n° 3, 2020, pp. 661-689.
❖ HOEFFNER (Werner), « L'accès de l'individu à la Cour africaine des droits de l'homme et des peuples », Revista Juridica, vol. 2, n° 43, 2016, pp. 825-883.
❖ KAMTO (Maurice), « Charte africaine, instruments internationaux de protection des droits de l'homme, constitutions nationales : articulations respectives », FLAUSS (Jean-François), LAMBERT-ABDELGAWAD (E), (dir.), L'application nationale de la Charte africaine des droits de l'homme et des peuples, Bruxelles, Bruylant, 2004, pp. 11-47.
❖ KOLB (Robert), « Note on New International Case-Law concerning the Binding Character of Provisional Measures », In Nordic Journal of International Law, vol. 74, 2005, pp. 117-129.
❖ KOLB (Robert), « Partie V. La bonne foi dans le droit du règlement pacifique des différends internationaux », La bonne foi en droit international public : Contribution à l'étude des principes généraux de droit, by Kolb. Genève : Graduate Institute Publications, 2000, pp. 579-683.
❖ KRIEBAUM (Ursula), « Prevention of Human Rights Violations », In Austrian Review of International and European Law, 1997, pp. 150-190.
❖ LAMY (Bertrand), « La légitimité du juge européen des droits de l'homme », La légitimité des juges, KRYNEN (Jacques) et RAIBANT (Jacques), (dir), Presses de l'université des sciences sociales de Toulon, Actes du colloque des 29-30 Octobre 2003, pp. 163-172.
❖ MAURE (Raphaël), « La contribution de l'ordonnance Gambie c. Myanmar à l'élaboration d'un droit des mesures conservatoires », *La Revue du centre Michel de l'Hospital*, N° 20, Mars 2020, pp. 97-117.
❖ MBAYE (Kéba), « Rapport introductif sur la Charte africaine des droits de l'homme et des peuples », Droit de

l'homme et des peuples en Afrique et la Charte africaine, Commission Internationale des Juristes, 1986, pp. 28-29.
❖ MEITÉ (Mamadou), « Les mesures provisoires, une technique judiciaire de protection des droits fondamentaux de la Charte africaine des droits de l'homme et des peuples », Lettre Actualités Droits Libertés du CREDOF, 2 avril 2013, pp. 1-6.
❖ MELEDJE (Djedjro Francisco), « La Cour Africaine des Droits de l'Homme et des Peuples et la défense de la démocratie », Mélanges en l'honneur du Professeur ROUSSEAU (Dominique), Constitution, justice, démocratie ; LGDJ, pp. 905 - 930.
❖ MENDELSON (Maurice), « Interim Measures of Protection in Cases of Contested Jurisdiction », In British Yearbook of International Law, vol. 46, 1972-1973, p. 90-146.
❖ MINCKE (Christophe), « Effets, effectivité, efficience et efficacité du droit : le pôle réaliste de la validité », *Revue interdisciplinaire d'études juridiques*, vol. 40, n°. 1, 1998, pp. 115-151.
❖ MORIN (Jean), « La légitimité des juges », In RAIBAUT, Jacques (dir.), KRYNEN, Jacques (dir.) : La légitimité des juges, Toulouse, Presses de l'Université Toulouse Capitole, 2004, pp. 185-190.
❖ NIOCHE (Marie), « Décision provisoire et autorité de chose jugée », *Revue critique de droit international privé*, vol. 2, n° 2, 2012, pp. 277-323.
❖ NOLLEZ-GOLDBACH (Raphaëlle), « Ni res judicata ni res interpretata : les résistances des juridictions internes à l'égard des décisions de la CIJ », MATSUMOTO (Florian Couveinhes), (dir.), Les politiques des États à l'égard des juridictions internationales, Pedone, 2019, pp. 85-110.
❖ NTWARI (Guy-Fleury), « La Cour africaine des droits de l'homme et des peuples à la croisée des chemins – Bilan des cinq premières années d'activités judiciaires (2009-

2014) », *Revue trimestrielle des droits de l'homme*, N° 102, 2015, pp. 367-391.

❖ OELLERS (Frahm), « Article 41 », ZIMMERMANN/ TOMUSCHAT/OELLER (Frahm) (dir), In Statute …, pp. 934-937.

❖ OLINGA (Alain Didier), « L'émergence progressive d'un système africain de garantie des droits de l'homme et des peuples », Olinga (Alain Didier), (dir), La protection internationale des droits de l'homme en Afrique. Dynamique, enjeux et perspectives trente ans après l'adoption de la Charte africaine des droits de l'homme et des peuples, Yaoundé, Éditions Clé, 2012, pp. 13-35.

❖ OUGUERGOUZ (Fatsah), « La Cour africaine des droits de l'homme et des peuples - Gros plan sur le premier organe judiciaire africain à vocation continentale », *Annuaire français de droit international*, volume 52, 2006, pp. 213-240.

❖ OUGUERGOUZ (Fatsah), « La Charte africaine des droits de l'homme et des peuples et le Protocole y relatif portant création de la Cour africaine des droits de l'homme et des peuples. Commentaire article par article », KAMTO (Maurice), (dir), Bruxelles, Éditions Bruylant, Éditions de l'Université de Bruxelles, 2011, pp. 161-206.

❖ OUGUERGOUZ (Fatsah). « Chapitre IV. Les droits de l'individu », La Charte africaine des droits de l'homme et des peuples : Une approche juridique des droits de l'homme entre tradition et modernité. By Ouguergouz. Genève : Graduate Institute Publications, 1993, pp. 83-129.

❖ OUMBA (Parfait), « Juridictions internationales et procédures d'urgence en matière des droits de l'homme », Cahiers africains des droits de l'homme, Presses de l'Université Catholique d'Afrique centrale, 2011, pp. 341-366.

❖ OXMAN (Bernard), « Jurisdiction and the Power to Indicate Provisional Measures », L. Damrosch ; (dir), In

International Court of Justice at a Crossroads, New York, 1987, pp. 323-354.

❖ PALLUEL (Christelle), « La prévention des violations dans le droit de la Convention européenne des Droits de l'Homme : entre effectivité et efficacité », Jurisdoctoria n° 13, 2016, pp. 19-36.

❖ POUGOUE (Paul-Gérard), « Lecture de la Charte africaine des droits de l'Homme et des peuples », POUGOUE (Paul-Gérard), (dir), In Droits de l'homme en Afrique centrale, Karthala, 1996, pp. 11-37.

❖ RAMIREZ (Luis-Miguel Gutiérrez), « L'effectivité des arrêts des Cours supranationales de droits de l'Homme », ANDRIANTSIMBAZOVINA (Joël), BURGORGUE-LARSEN (Laurence) et TOUZE (Sébastien), (dir), Actes du 4e Colloque de l'institut international des droits de l'Homme : La protection des droits de l'Homme par les Cours supranationales, Paris, Pedone, collection « publications de l'IIDH », N° 31, 2016, pp. 177-194.

❖ RICŒUR (Paul), « L'herméneutique et la méthode des sciences sociales », Théorie du droit et science, Amselek P, (dir.), Paris, PUF, 1994, pp. 15-35.

❖ ROLIN (Henri), « Force obligatoire des ordonnances de la Cour permanente de justice internationale en matière de mesures conservatrices », Mélanges en l'honneur de E. Mahaim, vol. 2, Paris, 1935, pp. 280-298.

❖ TASLIM OLAWALE (Elias), « The International Court of Justice and the Indication of Provisional Measures of Protection », G. Amado (dir), Memorial Lecture, Nations Unies, Genève, 1978, pp. 234-244.

❖ TEZCAN (Ercüment), « L'ordonnance des mesures provisoires par la Cour de justice des communautés européennes dans le cadre de recours en manquements », Revue Hellénique de droit international, l'Institut hellénique de droit international et étranger, 50e année, N° 2, 1997, pp. 383-402.

❖ TIGROUDJA (Hélène), « L'(in) efficacité des mesures provisoires internationales en matière de prévention des violations des droits de l'Homme » DECAUX (Emmanuel) et TOUZE (Sébastien), (dir), La prévention des violations des droits de l'Homme, Actes du colloque des 13 et 14 juin 2013, Pédone, 2015, pp. 141-157.

❖ TOUZE (Sébastien), « La notion de prévention en droit international des droits de l'Homme », DECAUX (Emmanuel) et TOUZE (Sébastien), (dir), La prévention des violations des droits de l'Homme, Actes du colloque des 13 et 14 juin 2013, Pédone, pp. 9-36.

❖ WECKEL (Phillipe), « Les mesures conservatoires devant les juridictions internationales de caractère universel », COHEN-JONATHAN (Gérard)/FLAUSS (Jonathan), (dir.), Mesures conservatoires et droits fondamentaux, Bruxelles, pp. 33-54.

❖ WIEDERKEHR (Georges), « L'accélération des procédures et les mesures provisoires », *Revue internationale de droit comparé*. Vol. 50 N° 2, Étude de droit contemporain, avril-juin 1998, pp. 449-462.

VI. ACTES DE COLLOQUE

❖ BEN ACHOUR (Rafaâ), « Quel rôle pour la justice internationale ? », Justice et juridictions internationales, Colloque de Tunis, Paris, A. Pedone, 2000, 54-74 p.

❖ PESCATORE (Pielte), « Les mesures conservatoires et les référés », La Société française de droit international, La juridiction internationale permanente, Colloque de Lyon (1986), Paris, 1987, 70 p.

VII. THÈSES

❖ FLOCH (Guillaume), L'urgence devant les juridictions internationales : contribution à l'affirmation des juridictions internationales en droit international, Thèse de Doctorat, 2005, Université de Paris 1, 517 p.

❖ LACASSAGNE (Sabine), Le contentieux provisoire international, Thèse de Doctorat, 2003, Université Paris, 10, 433 p.
❖ MITIDIERI (Clélia), Les mesures conservatoires dans le système de protection des droits de l'homme, Thèse de Doctorat, 2009, Université de Paris 1, 598 p.
❖ NIOCHE (Marie), La décision provisoire : nature juridique et régime dans l'espace judiciaire européen, Thèse de Doctorat, 2007, Université de Paris 1, 384 p.
❖ TIDJANI (Amidou Issiaka), La Cour africaine des droits de l'homme et des peuples : d'une juridiction ordinaire de garantie des droits fondamentaux à une Cour régionale sui generis, Thèse de Doctorat, 2019, Université Paris 8, 521 p.

VIII. MÉMOIRES

❖ DIALLO (Mamadou Alpha Kokouma), La Cour africaine des droits de l'homme et des peuples entre originalités et incertitudes, Mémoire de Master 2 option droit international et européen, 2015, Université d'Angers, 120 p.
❖ KHAMIS (Mostafa), La Cour africaine des droits de l'homme : Quelles restrictions à l'accès à la justice ? Mémoire de Master 2 option droit international public, 2018, Université de Montréal, 142 p.
❖ KOULADOUMADJI (Charles), L'exécution des décisions de la Cour Africaine des droits de l'homme et des peuples par les États, Mémoire de Master 2 option droit international public et communautaire, 2020, l'Université de Yaoundé 2, 121 p.

IX. INSTRUMENTS INTERNATIONAUX

❖ Charte Africaine des Droits de l'Homme et des Peuples de 1981.
❖ Charte des Droits fondamentaux de l'Union Européenne, décembre 2000.

❖ Convention Américaine relative aux Droits de l'Homme, 22 novembre 1969.

❖ Protocole relatif à la Charte africaine des droits de l'homme et des peuples portant création d'une Cour africaine des droits de l'homme et des peuples, 10 juin 1998.

❖ Règlement de la Cour Européenne des Droits de l'Homme, 17 mars 2022.

❖ Règlement de la Cour Interaméricaine des Droits de l'Homme, novembre 2009.

❖ Règlement intérieur de la Cour Africaine des Droits de l'Homme des Peuples, 1er septembre 2020.

X. RECUEILS

❖ Recueil des arrêts, ordonnances et avis consultatifs de la Cour africaine des droits de l'homme et des peuples Recueil de jurisprudence de la Cour africaine, Volume 3 (2019).

❖ Recueil des arrêts, ordonnances et avis consultatifs de la Cour africaine des droits de l'homme et des peuples Recueil de jurisprudence de la Cour africaine, Volume 2 (2017 - 2018).

❖ Recueil des arrêts, ordonnances et avis consultatifs de la Cour africaine des droits de l'homme et des peuples Recueil de jurisprudence de la Cour africaine, Volume 1 (2006 - 2016).

❖ Recueil des Cours de l'Académie de Droit International de La Haye (1992).

XI. JURISPRUDENCES

A. JURISPRUDENCES DE LA CADHP

1. Sur les mesures provisoires.

❖ Cour Africaine des droits de l'Homme et des peuples, Affair the Matter of Bashiru Omar v. United Republic of Tanzania, request N° 045/2020 (mesures provisoires).

❖ Cour Africaine des droits de l'Homme et des peuples, Affaire Adama Diarra dit Vieux Blen c. Mali, requête N° 047/2020 (mesures provisoires).

❖ Cour Africaine des droits de l'Homme et des peuples, Affaire Ally Rajab et Autres c. Tanzanie, requête N° 007/2015.

❖ Cour Africaine des droits de l'Homme et des peuples, Affaire Amini Juma c. Tanzanie, requête N° 024/2016 (mesures provisoires).

❖ Cour Africaine des droits de l'Homme et des peuples, Affaire Armand Guéhi c. Tanzanie, requête N° 001/2015 (mesures provisoires).

❖ Cour Africaine des droits de l'Homme et des peuples, Affaire Babarou Bocoum c. Mali, requête N° 023/2020 (mesures provisoires).

❖ Cour Africaine des droits de l'Homme et des peuples, Affaire Charles Kajoloweka c. Malawi, requête N° 055/2019 (mesures provisoires).

❖ Cour Africaine des droits de l'Homme et des peuples, Affaire Chrizant John c. Tanzanie, requête N° 049/2016 (mesures provisoires).

❖ Cour Africaine des droits de l'Homme et des peuples, Affaire Commission Africaine des Droits de l'Homme et des Peuples c. Grande Jamahiriya Arabe Libyenne Populaire et Socialiste, requête N° 004/2011 (mesures provisoires).

- ❖ Cour Africaine des droits de l'Homme et des peuples, Affaire Commission Africaine des Droits de l'Homme et des Peuples c. Kenya, requête N° 006/2012 (mesures provisoires).
- ❖ Cour Africaine des droits de l'Homme et des peuples, Affaire Commission Africaine des Droits de l'Homme et des Peuples c. Lybie, requête N° 002/2013 (mesures provisoires).
- ❖ Cour Africaine des droits de l'Homme et des peuples, Affaire Conaide Togia Latondji Akouedenoudje c. Bénin, requête N° 024/2020 (mesures provisoires).
- ❖ Cour Africaine des droits de l'Homme et des peuples, Affaire Cosma Faustin c. Tanzanie, requête N° 018/2016 (mesures provisoires).
- ❖ Cour Africaine des droits de l'Homme et des peuples, Affaire Deo Gratius Nicholaus Jeshi c. Tanzanie, Requête n° 017/2016 (mesures provisoires).
- ❖ Cour Africaine des droits de l'Homme et des peuples, Affaire Dexter Eddie Jonhson c. Ghana, requête N° 016/2017 (mesures provisoires).
- ❖ Cour Africaine des droits de l'Homme et des peuples, Affaire Dominick Damian c. Tanzanie, requête N° 048/2016 (mesures provisoires).
- ❖ Cour Africaine des droits de l'Homme et des peuples, Affaire Ghabi Kodeih c. Benin, requête N° 006/2020 (mesures provisoires).
- ❖ Cour Africaine des droits de l'Homme et des peuples, Affaire Ghabi Kodeih c. Benin, requête N° 008/2020 (mesures provisoires).
- ❖ Cour Africaine des droits de l'Homme et des peuples, Affaire Ghati Mwita c. Tanzanie, requête N° 012/2019 (mesures provisoires).
- ❖ Cour Africaine des droits de l'Homme et des peuples, Affaire Habiyalimana Augustino et Mburo Abdulkarim c. Tanzanie, requête N° 015/2016 (mesures provisoires).

❖ Cour Africaine des droits de l'Homme et des peuples, Affaire Harouna Dicko et autres c. Burkina Faso, requête N° 037/2020 (mesures provisoires).
❖ Cour Africaine des droits de l'Homme et des peuples, Affaire Houngre Éric Noudehouenou c. Benin, requête, N° 004/2020 (mesures provisoires).
❖ Cour Africaine des droits de l'Homme et des peuples, Affaire Houngre Éric Noudehouenou c. Bénin, requête N° 032/2020 (mesures provisoires).
❖ Cour Africaine des droits de l'Homme et des peuples, Affaire Landry Angelo Adelakoun et autres c. Benin, requête N° 012/2021 (mesures provisoires).
❖ Cour Africaine des droits de l'Homme et des peuples, Affaire Sébastien Ajavon c. Benin, requête N° 062/2019 (mesures provisoires).
❖ Cour Africaine des droits de l'Homme et des peuples, Affaire Sébastien Germain Marie Aïkoue Ajavon c. Benin, requête n° 027/2020 (mesures provisoires).
❖ Cour Africaine des droits de l'Homme et des peuples, Affaire Soro Guillaume c. Côte d'Ivoire, requête n° 012/2020, 15 septembre 2020 (mesures provisoires).
❖ Cour Africaine des droits de l'Homme et des peuples, Affaire Soro Guillaume c. Côte d'Ivoire, requête n° 012/2020, 22 avril 2020 (mesures provisoires).
❖ Cour Africaine des droits de l'Homme et des peuples, Affaires Tangayika Law Society & The Legal and Human Rights Centre c. Tanzanie et Révérend Christopher R. Mtikila c. Tanzanie.

2. Sur les affaires connexes

❖ Cour Africaine des droits de l'Homme et des peuples, Affaire Ajavon c. Bénin, (réparations), Requête n° 013/2017.
❖ Cour Africaine des droits de l'Homme et des peuples, Affaire Alfred Agbesi Woyome c. Ghana, requête n° 001/2017 (réparation).

❖ Cour Africaine des droits de l'Homme et des peuples, Affaire Ingabire Victoire Umuhoza c. République du Rwanda.
❖ Cour Africaine des droits de l'Homme et des peuples, Affaire Lohé Issa Konaté c. Burkina Faso (réparations).
❖ Cour Africaine des droits de l'Homme et des peuples, Affaire Révérend Christopher R. Mtikila c. Tanzanie, (réparations).
❖ Cour Africaine des droits de l'Homme et des peuples, Affaires Ayants droit de feus Norbert Zongo, Abdoulaye Nikiema dit Ablassé, Ernest Zongo et Blaise Ilboudo et Mouvement Burkinabé des droits de l'homme et des peuples c. Burkina Faso (réparations) (2015).

B. JURISPRUDENCES DE LA CPJI ET DE LA CIJ

❖ Cour permanent de justice internationale, Affaire Compagnie d'électricité de l'électricité de Sofia et Bulgarie.
❖ Cour internationale de justice, Affaire de l'Anglo-Iranian Oil Cy (Royaume-Uni c. Iran), 1951, CIJ.
❖ Cour internationale de justice, Affaire Usine de Chorzow (Allemagne c. Pologne), 13 septembre 1928.

C. JURISPRUDENCES DE LA CEDH

❖ Cour européenne des droits de l'Homme, Affaire Mamatkulov c. Turquie, CEDH, Requêtes N° 468227/99 et N° 46951/99.
❖ Avis N° 21 du CCJE, prévenir la corruption parmi les juges, Zagreb, le 9 novembre 2018.

D. JURISPRUDENCE DE LA CIADH

❖ Cour interaméricaine des droits de l'Homme, Affaire Velasquez Rodriguez c. Honduras, 29 juillet 1988.

XII. COMMUNICATIONS ET RAPPORTS

❖ Commission Africaine des Droits de l'Homme et des Peuple, communications 256/02, Kofi (Samuel Woods II) and M. Ja'anech (Kabinech) vs Liberia.
❖ Commission Africaine des Droits de l'Homme et des Peuples, communication 137/94.
❖ Commission Africaine des Droits de l'Homme et des Peuples, communication 240/2001, Interights c. Botswana.
❖ Communication de ANTÔNIO AUGUSTO CANÇADO TRINDADE sur Les mesures provisoires de protection dans la jurisprudence de la cour interaméricaine des droits de l'homme.
❖ Communiqué de la conférence sur la mise en œuvre et l'impact des décisions de la Cour Africaine Des Droits de l'Homme et des Peuples, adopté le 3 novembre 2021 à Dar es-Salaam (Tanzanie).
❖ Déclaration de KAMPALA, « La Cour africaine des droits de l'homme et des peuples, la Cour européenne des droits de l'homme et la Cour interaméricaine des droits de l'homme au premier Forum international des droits de l'homme » du 28 au 29 octobre 2019.
❖ Guide pratique sur la Cour Africaine des Droits de l'Homme et des Peuples, vers la Cour africaine de justice et des droits de l'Homme.
❖ Instructions de procédure devant la Cour Africaine des Droits de l'Homme et des Peuples.
❖ Opinion dissente du Juge KIOKIO (Ben) dans l'affaire Éric Houngue c. Bénin.

❖ Opinion dissidente du juge BEN ACHOUR (Rafaa) jointe à l'affaire XYZ c. Bénin.

❖ Opinion dissidente jointe à l'ordonnance du 02 Décembre 2019, dans l'affaire X.Y.Z c. Benin par le juge Bensaoula Chafik.

❖ Opinion partiellement dissidente des juges NIYUNGEKO (Gérard) et BEN ACHOUR (Rafaâ) jointe à l'ordonnance en indication de mesures provisoires Dexter Eddie Johnson c. Ghana (requête n° 016/2017).

❖ Opinions dissentes communes jointes à l'affaire Urban Mkandawire c. Malawi en date du 21 juin 2013.

❖ Rapport final sur le troisième dialogue judiciaire africain « améliorer l'efficacité judiciaire en Afrique » du 9 – 11 novembre 2017 Arusha, Tanzanie.

❖ Résolution 41/120 de l'Assemblée générale ONU, en date du 4 décembre 1986.

Security council, Official records, 6th Year, 559 Meeting (1951).

XIII. WEBOGRAPHIE

❖ HERVIEU (Nicolas), « Pistes de solutions pour remédier à l'accroissement exponentiel des demandes de mesures provisoires », in La Revue des droits de l'homme, Actualités Droits-Libertés, 12 février 2011. Tiré sur le site : http://journal.openedition.org/revdh/3744.

❖ Honoré Banidjè K., « La Cour Africaine des Droits de l'Homme et de Peuples : Genèse et vie ».Tiré sur le site internet :
https://www.researchgate.net/publication/350241484_La_Cour_Africaine_des_Droits_de_l%27Homme_et_de_Peuples_Genese_et_vie?enrichId=rgreq-d034364e30fb9ddd0b0eb1b72180b07bXXX&enrichSource=Y292ZXJQYWdlOzM1MDI0MTQ4NDtBUzoxMDAzOTM3OTg1NDYyMjcyQDE2MTYzNjg4NzYyMTg%3D

&el=1_x_2&_esc=publicationCoverPdf. Consulté le 21/04/2022.

POSTFACE

Docteur Samson Mwin Sôg Mé DABIRE

Lorsque j'ai été sollicité par Monsieur Zarationon Bamba Nonféni Michel pour écrire cette note à son ouvrage, c'est volontiers que j'ai accepté à la fois parce que c'est un jeune auteur passionné du droit international africain des droits de l'homme et des peuples, et qui contribue à la diffusion et au développement de ce droit, mais surtout parce que c'est un ouvrage qui investit un sujet qui n'est pas communément traité. D'abord, le système africain des droits de l'homme et des peuples, dernier-né des systèmes régionaux de protection de droits de l'homme, fait l'objet de peu d'écrits surtout en langue française. En outre, le peu d'écrits qui existent se rapporte souvent sur les aspects de droits matériels ou sur les généralités du système. Rarement, le droit processuel est traité. Monsieur Zarationon a le mérite de consacrer son ouvrage à une question du droit processuel de la Cour africaine des droits de l'homme et des peuples : le sujet des mesures provisoires devant la Cour.

La Cour africaine a maintenant près de deux décennies d'existence et une jurisprudence de plus en plus dense et riche. Sur le droit matériel, elle a connu presque de la violation des différents droits de la Charte, des droits de peuples compris – avec l'affaire du Peuple *Ogieck* –, et cette floraison des arrêts et décisions a aussi permis de développer son droit processuel : des points des différents chefs de compétence et de la recevabilité ont, au fur et à mesure de sa production jurisprudentielle, été clarifiés – avec l'affaire *Ingabiré* par exemple, on sait dorénavant les conditions de retrait par un État de la déclaration de compétence au titre de l'article 34 (6) du Protocole de

Ouagadougou. Il était donc temps que la doctrine s'intéresse à des pans du droit processuel de la Cour.

C'est pourquoi l'ouvrage de Monsieur Zarationon, consacré au droit des mesures provisoires devant la Cour africaine, vient bien à point nommé. La Cour a, depuis 2011, rendu plus quatre-vingts (80) ordonnances en mesures provisoires, avec une tendance à en ordonner systématiquement lorsque certaines violations sont en jeu, comme les condamnations à la peine capitale. Avec cette production dense en mesures conservatoires, il y a dorénavant une pratique bien consolidée de la Cour qui peut être synthétisée et systématisée. Cet ouvrage le fait d'une très belle et originale manière. L'auteur ne se contente pas de rendre compte du régime juridique des mesures provisoires devant la Cour. Il focalise, de manière intéressante et ingénieuse, sa réflexion sur les finalités des mesures provisoires de la Cour. Il utilise de manière très ingénieuse le régime et la pratique des mesures conservatoires de la Cour pour rendre compte des finalités que poursuivent ces mesures provisoires. Pour l'auteur, les mesures provisoires devant la Cour africaine ont une double finalité : protéger l'intégrité du procès et protéger de manière préventive les droits fondamentaux des parties. Il rejoint ainsi le Professeur Robert Kolb pour qui les mesures provisoires visent à « préserver l'utilité de [la] fonction juridictionnelle » de la Cour et à « sauvegarder les droits de chacun en attendant » la décision au fond[1]. Dans un plan binaire à la française, dont lui seul a le secret, l'auteur consacre une première partie de l'ouvrage à la fonction de protection de l'intégrité du procès des droits de l'homme, qu'il considère, à juste titre, comme étant moins transparente

[1] Robert Kolb, *La Cour internationale de justice*, Paris, Pedone, 2013, p. 635

Cette fonction ne ressort en effet pas *prima facie* de la lecture des dispositions pertinentes du droit des mesures provisoires devant la Cour (article 27 (2) du Protocole de Ouagadougou et 59 du Règlement de la Cour).

Elle n'est cependant pas moins inhérente au droit de la procédure d'urgence et de la décision conservatoire. Les mesures provisoires protégeraient la fonction de juger de la Cour en évitant, notamment, l'aggravation du litige. La deuxième partie de l'œuvre est consacrée à la fonction de protection des droits fondamentaux des parties à l'instance que remplissent les mesures provisoires. Cette fonction, comme le fait remarquer justement l'auteur, est plus explicite dans les dispositions pertinentes du régime des mesures provisoires. La finalité expresse des mesures provisoires, c'est, à la teneur du Protocole de Ouagadougou, « d'éviter des dommages irréparables à des personnes », et donc de préserver leurs droits fondamentaux. L'auteur explicite cette finalité et la manière dont la Cour lui donne effet de manière très convaincante.

Puisque l'auteur a choisi, non pas de seulement rendre compte du régime des mesures provisoires devant la Cour ni de mettre l'accent sur l'effectivité de ces mesures, mais a plutôt opté de s'intéresser aux finalités de ces mesures, sa méthodologie de raisonnement combine à la fois la technique juridique et un peu de théorie du droit : les finalités des mesures provisoires étant à la fois inférées et déduites du droit des mesures provisoires et de la pratique de la Cour en la matière. Tout cela, l'auteur les combine de manière didactique et simple, avec un effort de précision de la démarche et une clarté dont lui seul a le secret. Avec sobriété, il a su éviter les écueils du pédantisme et du style inutilement tarabiscoté qui guettent souvent les jeunes auteurs.

Le lecteur tient entre les mains, un ouvrage qui démêle les écheveaux d'une question aussi complexe que celle des mesures provisoires, mais d'une manière simple, claire et didactique. Nous saluons le mérite de Monsieur Zarationon Bamba Nonféni Michel et l'encourageons dans sa passion du droit international africain des droits de l'homme.

Dr Samson Mwin Sôg Mé DABIRE
Docteur en droit de l'Université de Genève (Suisse)
Enseignant-chercheur à la faculté de droit
de l'Université Thomas Sankara (Burkina Faso)
Email : samsondabire@yahoo.fr

TABLE DES MATIÈRES

Structures éditoriales du groupe L'Harmattan

L'Harmattan Italie
Via degli Artisti, 15
10124 Torino
harmattan.italia@gmail.com

L'Harmattan Hongrie
Kossuth l. u. 14-16.
1053 Budapest
harmattan@harmattan.hu

L'Harmattan Sénégal
10 VDN en face Mermoz
BP 45034 Dakar-Fann
senharmattan@gmail.com

L'Harmattan Cameroun
TSINGA/FECAFOOT
BP 11486 Yaoundé
inkoukam@gmail.com

L'Harmattan Burkina Faso
Achille Somé – tengnule@hotmail.fr

L'Harmattan Guinée
Almamya, rue KA 028 OKB Agency
BP 3470 Conakry
harmattanguinee@yahoo.fr

L'Harmattan RDC
185, avenue Nyangwe
Commune de Lingwala – Kinshasa
matangilamusadila@yahoo.fr

L'Harmattan Congo
219, avenue Nelson Mandela
BP 2874 Brazzaville
harmattan.congo@yahoo.fr

L'Harmattan Mali
ACI 2000 - Immeuble Mgr Jean Marie Cisse
Bureau 10
BP 145 Bamako-Mali
mali@harmattan.fr

L'Harmattan Togo
Djidjole – Lomé
Maison Amela
face EPP BATOME
ddamela@aol.com

L'Harmattan Côte d'Ivoire
Résidence Karl – Cité des Arts
Abidjan-Cocody
03 BP 1588 Abidjan
espace_harmattan.ci@hotmail.fr

Nos librairies en France

Librairie internationale
16, rue des Écoles
75005 Paris
librairie.internationale@harmattan.fr
01 40 46 79 11
www.librairieharmattan.com

Librairie des savoirs
21, rue des Écoles
75005 Paris
librairie.sh@harmattan.fr
01 46 34 13 71
www.librairieharmattansh.com

Librairie Le Lucernaire
53, rue Notre-Dame-des-Champs
75006 Paris
librairie@lucernaire.fr
01 42 22 67 13

www.ingramcontent.com/pod-product-compliance
Lightning Source LLC
LaVergne TN
LVHW011304061026
849535LV00005B/1399
* 9 7 8 2 3 3 6 4 1 2 8 4 9 *